www.aalmas.eu

Amar só por amar

António Almas

Ficha técnica

Título: Amar só por amar

Autor: António Almas

Editora: Quinta Dimensão, Unip., Lda.

Rua José Emídio Amaro, 9

7160-213 Vila Viçosa

NIF: PT503683450

edicao.propria@gmail.com

Design: Raquel Luna

Paginação: António Almas

Impressão: P.O.D.

ISBN: 978-989-99656-4-5

Depósito Legal: 421474/17

Vila Viçosa, 5 de Maio de 2017

Todos os direitos reservados de acordo com a legislação em vigor.

Amar!

Eu quero amar, amar perdidamente!
Amar só por amar: Aqui... além...
Mais Este e Aquele, o Outro e toda a gente...
Amar! Amar! E não amar ninguém!

Recordar? Esquecer? Indiferente!...
Prender ou desprender? É mal? É bem?
Quem disser que se pode amar alguém
Durante a vida inteira é porque mente!

Há uma Primavera em cada vida:
É preciso cantá-la assim florida,
Pois se Deus nos deu voz, foi pra cantar!

E se um dia hei de ser pó, cinza e nada
Que seja a minha noite uma alvorada,
Que me saiba perder... pra me encontrar...

Florbela Espanca, in "Charneca em Flor"

www.aalmas.eu

Capítulo I

www.aalmas.eu

Amar só por amar

Há na envolvência da ânsia, do desejo, o sentido de perpetuar num instante todo o amor que podemos dispersar sobre o ser amado. Há na vontade de se possuir um momento em que não temos como resistir à saudade, ao caminho e à distância que nos afasta cada vez mais do princípio da vida, em direcção ao fatídico vazio que nos magoa na ausência. Um dia tudo será invertido, o caminho de volta será mais curto, porque será vivido com o ânimo de quem está quase a chegar a casa, ao lugar de partida, ao momento do êxtase que é o recomeço da vida. Neste vai e vem de sensações, somos duas gotas, duas emoções que se fundem na mesma lágrima, no mesmo beijo, na mesma palavra.

A intensidade do amor é um fluxo que transcorre entre os teus dedos e os meus, a forma intensa como a tua boca procura a minha, a clara silhueta do teu corpo quando se encaixa no meu é o reflexo dos sentidos acordados, dos pensamentos tantas vezes sonhados e das vontades que se escondem por

António Almas

detrás de preceitos, ou conceitos que não queremos desfazer, ou tentamos preservar. Sei onde cabe cada pedaço da tua pele, sei como desenhar a tua silhueta nua, que escorre da ponta dos meus dedos como tinta fresca, como beijo húmido, lambido na ponta dos lábios. Um dia a plenitude virá, e sentirás o calor abrasador duma pele que se cola à tua no suor desenfreado da voracidade dos corpos que se devoram na loucura dos apertos, dos desejos dos orgasmos, nesse dia serás outra mulher, e nunca mais será igual a qualquer uma, serás apenas tu, minha!

Quem diria que falaríamos hoje de amor de uma forma mais completa, quem diria que seriamos capaz de juntar às palavras e aos sentidos já despertos, o toque suave das mãos, o entrelaçar dos dedos e o fundir de corpos que se colavam a cada segundo. Quem diria que hoje eu, tão etéreo, me faria real nas tuas mãos, quem diria que tu, tão distante te farias perto em mim. Senti-te de tantas formas diversas, criança

Amar só por amar

enrolada no meu colo, encostada no meu peito com medo do vento que podia te levar de jeito, mulher sedenta de prazer, comum vulcão a pontos de explodir mas que a espasmos controlavas com a outra mulher que se impõe e conversa, gesticula e distrai, mas eu percebi-as todas dentro do teu único corpo, o que nas minhas mãos depositaste, sem medo que dele me apossasse.
Quem diria que depois de tanto tempo, seguros nas palavras, suspensos nos alentos, viéssemos encontrar-nos no mesmo tempo, no mesmo local, frente a frente como quem se quer abraçar, quem diria, quem diria...

Falar de amor é sentir com a alma o calor do teu corpo, a vontade de estar dentro de ti como o sangue que te percorre, como a sede que seca os teus lábios na espera de um beijo molhado. Falar de amor é ficar sentado a olhar o horizonte partilhando o mesmo ar que se respira, o transbordo do perfume que se exala e nos abraça nesse instante. falar de

António Almas

amor é muito mais que um olhar, que uma gota de suor quando os corpos escaldam os lençóis molhados, é a própria vontade de cravar-se na carne, de ficar e não soltar mais o átomo preso no instante anterior ao fogo que nos fundiu num eterno abraço. Falar de amor é dizer sem palavras o toque que resvala na pele macia de um ventre rasgado pelos lábios molhados de um beijo. Falar de amor é pronunciar todo o alfabeto, o dicionário inteiro sem ter de ser recursivo, repetitivo ou indolente com a forma como conjugamos cada detalhe que escreve a verdadeira essência de ser amado, amor!

Sabes, há coisas que as palavras não exprimem, que os olhos não vêem que só o desejo entende, não se compreende porque viemos até aqui, não se sabe para onde vamos, mas, desejamos sentir, tudo aquilo que queremos fruir. Sabes que a tarde é o adormecer do dia, que a noite é um momento de fantasia, mas não te recordas como sonhas, por onde andas

Amar só por amar

quando não estás aqui. Pensa, um breve momento, quantos instantes de prazer te ofereço em cada sonho que não recordas, pergunta-te porque acordas com um fogo tremendo, ou porque estão os teus lábios doendo... porque te beijo, porque te tomo, enquanto não te lembras de um sonho.

Para não falar de rotinas e quotidianos, deixo livres as letras para falar em oceanos, daqueles que vestem os corpo com as águas caídas dos céus, ou, de outros que como mares de letras se acumulam nas palavras tatuadas nas peles. Quando não queremos que outros leiam o que escrevemos, inventamos códigos e cifras, desenhos e formulas místicas que transforma os nossos sentidos em textos desanexados da realidade que nos envolve. É nesses momentos que ascendemos um patamar e nos deixamos ficar a contemplar o firmamento, na esperança de que o elevador divino não pare senão em Alfa Centauro.

António Almas

E nestes oceanos pejados de tantos enganos, somos o segredo bem guardado e escondido, que, como pérola em concha de ostra, guardamos no nosso mais íntimo. Shiiiiu, não digas nada, não vá uma alma penada acordar o mundo, o mar evaporar-se num segundo, e a realidade afogar-te o sonho.

Não há no firmamento igual forma de brilho que o resplandecente olhar que me ofereces do teu céu. Sei-te incansável, quase intocável, embora em muitas viagens por ti tenha caminhado. Sei da tua forma, do teu perfil e luminosidade, entendo como me olhas e da vontade que te tenho. Um dia quero ser foguetão e no espaço escuro quero voar, para em teus seios minha nave aportar.
Espero que a Noite venha, para poder apreciar a tua beleza, que luz de prata te rodeia, neste véu translúcido que teu corpo nu premeia. E no teu corpo húmido meus dedos quero pousar, como se fosses um rio, um mar. Desejo tomar-te, em goles

Amar só por amar

pequenos, degustando todos os teus prazeres e vontades, quero em ti penetrar, e deixar o meu corpo aí ficar.

Espero que os teus sentidos estejam despertos, como os meus que se sentem, erectos.

No dedilhar do teu corpo percorro cada recanto, cada fresta, cada encanto. No seguir do teu norte, migro até ao sul como se fosse ave. Procuro o calor, abrasador do teu prazer, que num frémito me invoca e me chama, com o fogo de um vulcões prestes a entrar em erupção.

Sabes, quero banhar-me no fluir do teu rio que desponta na extremidade do teu corpo, quero provar das tuas vontades, que derramas na fluidez do teu prazer. Dá-me de beber, assim provarei a tua essência e saberei encontrar os detalhes que guardas secretamente na tua caixa de Pandora.

Quero deixar resvalar os meus dedos no teu corpo, entrar nos teus locais sagrados e perceber os estímulos que te provoco,

António Almas

quer medir o teu desejo pelo ritmo intenso das tuas ancas quando sobre mim te agitas, anda, vem...

Às vezes as palavras têm uma dimensão imensa, nem sempre percebemos até que ponto as podemos levar. Descrever um momento pode parecer simples, mas depois, quando verificamos que ele se tornou uma reacção fisiológica, tudo toma proporções que não pareciam ser possíveis quando escrevemos aquelas letras. Há nas palavras um sentido que, pode ser inócuo porque não sabemos configurá-lo, ou pode ser efectivo, quando sabemos usá-lo para causar sensações, despertar paixões, ou até mesmo, no pior dos casos, influenciar opiniões, provocar raiva e desilusões.

Esta é a força das palavras, é perigoso se as pronunciamos, se as configuramos sem saber os efeitos que elas podem tomar.

Amar só por amar

Sabes Lua, que ontem na magnitude do teu brilho aportaste tudo ao meu sentido. Que hoje no reflexo do teu olhar a mim trazes uma nova perspectiva, uma nova cor, que não sabia em ti encontrar?

É assim, como as fases da Lua, a vida em fases de pele, tua, minha, em ti pregada como a capa de um livro que envolve a tua tez, a maciez deste luar que minha te fez.

Sabes daquele vento que sopra forte? Daquele mar que se agita de norte? Nessas vagas vem a vontade que se espraia contra a areia da praia. Sabes aquele silêncio que se faz antes de a peça começar, o prazer que nos apraz sentir quando conhecemos o fim do personagem e o princípio do nosso eu? Todos estes instantes são momentos que definem a margem ténue onde me deito em ti.

António Almas

A plenitude dos sentidos é um mar de vagas suaves onde barcos de papel navegam, eles carregam os espíritos de uma margem para outra. Neste nosso navegar, deixamos que o sabor das ondas perfume a nossa fantasia, guie os nossos desejos e siga os caminhos que nos levam ao porto seguro da nossa alma. Cruzamo-nos tantas vezes em viagens e viagens, e a cada uma olhamo-nos e saudamo-nos seguindo caminho. Nesta, o destino quis que seguíssemos atrás um do outro, permitindo-nos vermo-nos, sem até agora conseguirmos abordar-nos. É uma alucinante viagem que nem sempre nos trás boas sensações, por vezes sentimo-nos mareados, outras embevecidos pela beleza deste mar de sentidos. Gostava que percebesses que não quero que te atires ao mar, para até meu barco nadar, poderias soçobrar e perder-te na profundidade deste oceano. Prefiro ver-te na constância desta velocidade que nos separa, do que de todo perder-te de vista na sinuosa descida aos abismos do leito escuro deste lugar.
Haverá um momento, nem que seja ao aportar, em que poderemos os corpos abraçar, num profundo sentir, nos amar.

Amar só por amar

Enquanto isso, deixo-te sonhar, deixo-me ficar a contemplar a silhueta da tua alma que à minha frente vai a navegar.

Neste mar que flutua há sempre uma pequena vaga que te abraça, que enrola o teu brilho e o deixa na praia. Há uma vontade de brilhar nesse teu espelho branco imenso, um reflexo que se faz de um só olhar, de um só momento. Sabes, às vezes acho que sou ingrato perante a magnitude da beleza desse brilho, acho que o não mereço por ser tão humano com outro qualquer. Falar-te de cinema é acordar em mim um passado, uma memória feita de tantas horas agarrado a televisões e ecrãs de cinema. Esses, tal como os livros, não os eruditos, mas aqueles que até o mais comum dos mortais lê, encheram a minha alma e criaram nela a alegoria do meu imaginário que hoje ainda é um universo em expansão.
E, minha querida, por mais que caminhe nestas estradas, ando sempre na deriva da vontade de ser um qualquer personagem

António Almas

que me descreva, na multifacetada personalidade do que não sou.

Em letras te descrevo os sentidos, as vontades, até os gemidos que os corpos ausentes libertam nos encontros secretos a que se votam. Em letras te digo a sensibilidade do vento que te contorna, que te roça na pele despida como dedos imaginados por mim. Em letras me faço homem, me agiganto e me faço anjo alado que em teus sonhos caminha a teu lado. Depois, faço teu corpo fervilhar, conduzo as tuas mãos pelos trilhos da tua própria sedução, deixo teus dedos em ti penetrar e no gemido de prazer teu corpo soltar. Depois, na boca preencho-te os lábios com outro par de lábios, feitos de brisas, de carícias que se encostam e molham a tua própria língua, que na vontade saliva como se fosse pela minha sugada num demorado beijo molhado. Depois, os arrepios que a pele desgovernada deixa os sentidos propagarem, sentes a volúpia do teu próprio toque, que é o meu toque, que são os meus

Amar só por amar

dedos dentro de ti própria. Rebolam-se os olhos semicerrados nas orbitas e no macio dos lençóis enrolas o teu prazer, sentes o teu fluido descer e a plenitude atingir-te como uma explosão estelar. Este é o eco das minhas letras em ti, o preenchimento do amor, que ao longe te faço, neste abraço, neste beijo neste melaço que se propaga por entre teus dedos.

Sabes Lua, o prazer é oferecer-te o detalhe de constantemente te encantar, como se houvesse uma mágica formula que pudesse teus sonhos roubar. O prazer é poder nos olhos olhar, e nos cabelos tocar, sentir a suavidade, e absorver o perfume, com o rosto encostado ao teu corpo desnudo. Prazer é lentamente percorrer cada milímetro dessa terra que é a tua pele fina, descobrir nela as essências do perfume, que fazem do teu cheiro uma flor única. O prazer é ver o teu olhar semicerrado quando entro no teu corpo, sentir o suspiro ofegante, quando sou teu amante. Ficar quieto, poder olhar o teu corpo desperto, aqui tão próximo, tão perto, é um

António Almas

momento de eternização que me faz voar na imaginação, é também esse um momento de prazer, antes ou depois de o ter.

Amanhã serás cheia de luz, plena de graça, como dia que na noite se enlaça. Hoje venho apenas trazer-te um pouco do meu brilho, para que atinjas o teu clímax. O dia escurece e no teu reino de luz branca, és rainha que minha chama aquece.
Deixo-te um beijo, iluminado de raios de Sol, para que a tua noite seja mais luminosa do que já é.

No embalo de uma canção o corpo distende-se, e com o teu se entende nas letras dedilhadas pelos dedos enlaçados nas teclas do teu corpo. Não há tempo, não há lá fora ou cá dentro, apenas a essência que flui nas letras de uma canção que te escrevo no peito. Não há vazios nem cheios, apenas perfumes e cheiros, fragrâncias do teu corpo que absorvo na

Amar só por amar

ponta molhada da minha língua. Esta dança lenta, em que apenas o ar se agita, somos a perfeita noção de prazer que no lençol sabemos envolver. A nudez premente deste momento, é reflexo desse rio que escorre por entre o suor salgado dos corpos suados pelo gosto de amar, pela vontade arrepiante de ser tomado por este instante. Silêncio... apenas silêncio e esta canção...

De regresso querida Lua, às letras que te encantam, aos sentidos que te espantam, aos reflexos que te trazem envolta nos brilhos das palavras. É música clássica que domina a envolvência dum momento íntimo em que os corpos se perdem no labirinto do prazer, em que as bocas soçobram nas vontades de ser muito mais do que nos atrevemos. Sabes como te crio, como te imagino e delicio o meu inventado momento de te possuir, nua, crua, na simplicidade do teu ser de mulher, no fogo ardente do teu ente. Nesses momentos és peça de teatro, actriz e actor, ou, tão simplesmente reflexo de

António Almas

amor, és vontade perene e eu em ti sou vento que te sente. E volto, vezes sem conta ao momento em que te encontro, sei que sou estrela cadente, que apenas risca o teu céu por um momento, para depois se apagar, porque não posso em ti ficar, porque as minhas palavras são versos proibidos nas cartas que te escrevo e não podes guardar.

Depois regresso ao âmago frio do meu corpo, que nas noites vazias é apenas a simplicidade, a agonia de uma existência contrariada pelas agruras da vida.

Neste sobressalto, sou apenas o silêncio, onde as palavras invento e te escrevo, como último momento do meu dia.

É na imensidão do teu corpo que o meu vem encostar, teus lábios beijar e percorrer com os dedos cada recanto desse teu íntimo lugar. Quero devorar-te, sentir o calor da tua pele que abraça a minha e o profundo deleite em que mergulho todos os meus sentidos, nesse teu mar húmido que recebe e dilata o

Amar só por amar

meu desejo, nesse fogo que é lava fluida no âmago do teu desejo.

Espero depois da exaltação, o abraço do silêncio e dos corpos que na simplicidade da sua nudez se amarram e se abraçam num perpétuo estado de letargia.

Há no vazio do espaço um limite físico que nos separa, há na distância que sabemos existir, um lugar que nos quebra a alma, porque o corpo chama e não podemos chegar-lhe com a mão aberta. Mas não há apenas vazio entre cada ponto, há um rio que conduz ao mar, e um mar que desagua no oceano. Esse fluir, é o reflexo dos sentires que nos unem, os corpos são barcos que deixamos ao sabor da corrente e, a qualquer momento, atracamos num porto qualquer. Sabes bem o que sinto, porque todos os dias quando a noite cai vou ao teu ouvido e te digo, baixinho, AMO-TE!

António Almas

Sabes o gosto da voz? Aquele sabor que fica preso no corpo quando o eco nos toca? É nesse detalhe que apuro os sentidos, que aguardo a chegada do teu corpo despido. Nesta espera contida, enquanto te vejo aproximar, enquanto te olho para poder-te perscrutar, a minha pele aguarda, arrepiada, pelos sentidos que me vais ofertar. Enches-me o olhar, nas curvas perplexas do teu corpo, onde me quero deitar. És Lua, pleno luar que no balanço sensual do teu caminhar em meu corpo vens ficar. No eclipse deste instante em que os corpos se encaixam, somos côncavo e convexo, somos o no nosso próprio desejo, queremos aquele imenso beijo e deixar os corpos abraçados neste prazenteiro silêncio.
Sabes, às vezes pergunto-me como a tracção celeste nos induz, como o brilho da nossa pele nos seduz, e como o brilho dos teus olhos, nos meus, reluz.

Amar só por amar

É na cadência das palavras que invento teu corpo nu, nos momentos de vazio em que tudo se preenche de luz. Neste gosto agridoce das bocas que se devoram, dos copos que se mesclam no prazer infindável do gozo, que descubro cada milímetro da tua pele imaginada, teu sabor a canela em minha boca depositada pelos teus lábios que em mim se colam. Este fogo que em brando começo já incendeia a fome, o desejo, em insanos pensamentos te desenho. No percurso salgado do meu corpo por ti molhado, deixo fluir um rio que se estende até ao mar que te molha o corpo, que te inunda o sexo e te pede que me deixes entrar em ti. Depois, a loucura total, agitação, movimento e tanta imaginação recriam o momento da cópula como sendo o extremo instante em que todos os sentidos derrotam o distante e se fazem perto, despertos, na erupção pungente de um vulcão ardente em nós.

Hoje o teu brilho foi intenso, como derradeiro momento de silêncio que em meu corpo pousou. Foste ninfa nua que nos

António Almas

raios da tua Lua em mim veio pousar, foste sereia encantada que no meu mar veio cantar. Foste o silêncio que apenas o mar veio quebrar. Hoje foste verso, reverso e inverso que do meu corpo fizeste o sonhar. Esta noite, vou visitar-te, no teu sono, contigo vou dormir, no teu corpo, em ti vais sentir, o calor húmido dos beijos com que te vou despir.

Esta noite vais ser minha, como em todas as noites que o desejaste, esta noite vou entregar-te a essência da vida, como elixir de eternidade. Nesse momento voaremos, entre corpos agitados de prazeres degustados, nos êxtases da luxúria, mas também nas asas da ternura.

Depois, silêncio, o sono ofegante será de novo um descanso complacente, onde teu corpo dormirá suavemente.

O meu coração de poeta vê em cada detalhe um brilho, em cada palavra um sentido, em cada carta que te escreve um poema, um delírio. Como um anjo, tenho asas, voo para todo o universo da tua alma e visito cada recanto da tua

Amar só por amar

imaginação, se me sentes e me escutas, se comigo sonhas e a mim abraças quando teus braços se fecham sobre o vazio, então não terás motivos para duvidares que aquilo que te ofereço é o amor da minha alma, o profundo calor com que na suavidade de um beijo te acordo, o fogo que te incendeio, quando em imaginação teu ventre nu toco. Mas... Se ainda assim não tiveres a certeza, é porque não sabes bem a profundidade do teu sentido, aquilo que nos liga, aquilo que te agita, eu posso apenas ser um reflexo de outro instante, e não eu próprio...pensa, sonha!

Hoje faço uma pequena pausa nas minhas realidades, para perfumar o teu cabelo com um afago de fragrâncias da essência invisível da minha alma. Hoje gostaria apenas de te banhar o corpo nos sais que te amaciam a pele, usar as minhas mãos para lavar-te de todos os problemas, ser a esponja que ter percorre, o sabonete líquido que por ti escorre. Quero derramar as pétalas que na água flutuam, junto com teu esbelto corpo que nelas mergulha, ficar ali apenas a afagar a tua pele, a inalar as essências e perfumes com que te banho a alma e o corpo. Hoje apetecia-me dar-te banho, sem qualquer outra intencionalidade que não fosse a de percorrer as tua pele molhada. Um banho de imersão servido com requintes de erotismo e sensibilidades de poesia é o que te deixo hoje para que relaxes e possas sentir-me dentro de ti.

Hoje falo-te dos reflexos, dos ecos e dos momentos em que fico quieto e apenas penso. Digo-te sobre os detalhes que olho e te vejo, dos tempos em que te observo no teu quotidiano. Falo-te das horas que te vejo, enquanto dormes, enquanto caminhas na forma airosa como balanças o teu corpo, da suavidade do teu olhar na delicadeza duma pétala de rosa que prendo no teu cabelo quando na rua vais a passar.
Queria contar-te os meus silêncios, os detalhes que percebo quando de mim estás ausente, ou a vontade que me

Amar só por amar

desprendes quando me tomas em ti, me guardas no centro do teu pequeno universo.

Às vezes estou só, fico na sala, em frente à tua lareira esperando que regresses, olho as cinzas que relembram o fogo outrora aceso, e espero que voltes e incendeies a fogueira. Nesses momentos de meditação escuto o bater do teu coração, nas azafamas diárias entre afazeres de guerras que se distribuem pelo teu dia. Depois, quando toda a casa dorme, voltas para perto de mim, na intimidade do calor aceso do lume, recostas-te e deixas-te sonhar, nem que seja apenas um segundo, no cansaço de um corpo que já não quer barulho e por vezes já não suporta outras emoções.

Por isso percorro os caminhos da eternidade,
Procurando pelo significado da palavra saudade,
Quero saber onde te encontras, onde me esperas,
Quero perceber que segredo em ti encerras.

António Almas

Sei do amor que nos une, da vontade expressa,
Nos céus dos nossos mundos, onde estrelas
Olham os nossos sonhos, onde nada tem pressa,
Como se elas soubessem como podemos vê-las.

Descubro-te imaculada, na espera das minhas letras,
Que não sendo perfeitas, contêm o que precisas,
Trazem com elas a todas as tuas certezas,
Todo o meu amor, que te ofereço nestas brisas.

Na escuridão das noites em que durmo dentro de ti, sentes a frequência do meu corpo que nos teu se encaixa, te toma e penetra em suaves movimentos de luxúria. Neste silêncio que apenas breves gemidos lânguidos interrompem, os meus dedos são labaredas que percorrem a tua pele macia, em teu ventre desenho com a minha língua as letras que te dedico, e nos teus seios entrego os meus lábios sedentos, querendo arrepiar-te, em meu colo te tomo, ficamos colados na

Amar só por amar

eternidade deste prazer desperto, deste nosso secreto, que nos faz enlouquecer na paixão dos doces delírios. Depois, sorvo teus fluidos dispersos pelo teu corpo nu, lambendo ternamente cada milímetro de ti saboreando o sal da vida, e os resquícios do prazer de te estar dentro, no mais profundo do teu corpo, no mais recôndito recanto da tua alma.

Deixo-me estar, com o meu peito colado no teu dorso, pele com pele, depois do amor que fizemos, em silêncio num abraço perpétuo, um eterno sentimento que nos une.

Sabes dos sonhos que vives na intensidade do toque das minhas mãos ausentes, percebes como em cada pedaço de ti há outro equivalente de mim, como o calor inflamado do teu corpo é detonador dos meus sentidos e o fogo da tua explosão é aurora boreal no céu da minha noite. Espero não ser apenas as tuas letras, mas as mãos que te moldam, que se mesclam no fluir do teu corpo, o calor da saliva de um beijo molhado, ou, o revirar de olhares no momento do êxtase. Gostaria de

António Almas

não ser apenas uma estrela cadente que risca o teu céu num momento breve, queria ser galáxia que comportasse todos os teu sentidos, cada segundo por ti vivido. Nos meus braços serias, não apenas reflexo mas, luz intensa que sujeito, num beijo perfeito. Não queria ser apenas paixão, ser apenas ilusão de um momento só, queria ser chama eterna que a tua alma aquece, que teu corpo humedece e teus gemidos acolhe num instante de loucura.

Hoje houve um momento em que o tempo parou, em que do silêncio brotou um mar de letras por desenhar. Hoje houve um instante, em que a amanhã foi clara e radiante, em que o corpo se sentiu tocado e a alma embebida num néctar doce. Nesses momentos desencadeiam-se emoções, sensações que percorrem a pele, que se dispersam pela folha de papel como se fossem rastos de tinta que não escrevo, mas sinto. Sabes, gostaria de ser folha branca, onde escrevesses o teu poema, em que fosses tu caneta que sobre mim roçavas teus cabelos

Amar só por amar

arrepiando meus sentidos. O Sol brilha alto no céu azul, como se quisesse hoje ali ficar, esperando que a Lua viesse de novo encontrá-lo, e juntos pudessem de novo eclipsar um momento de loucura saudável, no final ficar colados um ao outro, esperaríamos a eternidade chegar.

Será um sonho? Será devaneio? Não, tenho a certeza que sentes e me sentes, aí bem dentro de ti.

Hoje brilhas em simultâneo no céu do dia, porque ainda assim tens luz própria, e acordaste-a definitivamente. Nessa viagem pelo teu corpo, as minhas mãos perseguiram as tuas, deixando um rasto de prazer em cada poro, em cada recanto íntimo de ti, viajámos juntos no deleite de uma erupção que acordou o dia, o Sol ganhou luz e a Lua resplandeceu num gemido brando de luxúria, depois, segurei-te o corpo nu, encostado no meu, sobre a cama, num silêncio delicioso, mesclado de essências e perfumes de amor.

António Almas

Sabes, estava deitado a olhar para o céu quando nasceste. Espreitavas sobre o horizonte, imensa, parecias querer iluminar-me a noite como se fosse dia, o teu tom laranja, rapidamente se foi sumindo à medida que subias no meu céu, e eu te via luzindo. Estavas cheia, no teu tom de branco prata, toda engalanada, para mim vieste brilhar, eu, deitado por entre a urze, deixava-me estar. Falava-te do dia, dizia-te como era o Sol que em teu espelho se reflectia. Tu, olhavas-me, como um pequeno grão de areia na praia da multidão e sorrias com o teu rosto enigmático e teu intenso clarão. Aqui quieto, sentindo o frio da noite, fico até te deitares do outro lado do céu, só para te olhar, para te ver passar nessa magnificente beleza que passeias no meu céu com tamanha delicadeza. Já o dia rompia quando adormeci, sonhei que te vi, de rosto reflectido na tua Lua, eras desenho de carvão em tela branca, que com minha própria mão rabisquei, foi tamanha a sensação que quase chorei.

Amar só por amar

Adoro chocolate, negro como a noite, intenso como um beijo onde os lábios se desenham com a ponta da língua que percorre cada detalhe da boca como se quisesse possuir a alma num segundo de desejo. Adoro sentir como o calor do corpo derrete aos poucos a essência do cacau no mais íntimo recanto do palato, como se resvalassem as mãos no corpo oleado, numa massagem suave que calcorreia cada extremidade, cada milímetro de pele. Depois o sabor, forte como o rio que nasce num corpo de mulher e se derrama num mar de sentidos que flui, atingindo o apogeu nas vibrantes oscilações dos corpos em desvario. Essa vontade de deglutir o prazer, para que seja eterno, para que o guardemos dentro, para sempre..

..o papel é o lugar onde guardamos as palavras que não queremos esquecer!

Sabes que às vezes o vento que se levanta, é brisa que nos teus cabelos se entranha, colhendo perfumes, penteando fragrâncias que depois transporta, pelos céus, como frágeis véus translúcidos, como nuvens brancas que se espraiam no meu horizonte e me aportam as essências da tua mais singela beleza. Não é preciso caminhar, basta-me esperar que chegues numa mistura de jasmim e canela, numa visita terna que me afaga a face e acaricia os lábios na ponta de teus dedos inventados. É nos mais ínfimos detalhes, na pele macia do teu ventre que deslizam os sonhos não sonhados que me trazes. É no mais subtil pensamento que me guardas, nas letras mais simples que me exalas, como se fosse um resquício de inspiração do teu corpo, um cálido vento do teu fulgor. Nesta paisagem que pinto, sou filho de um silêncio restrito, de um lugar antigo onde me escondo, nesse lugar secreto sou também o teu jardim proibido, a flor que apenas tu sabes ver, florescer, nas manhas que te despertam e te recordam que viveste um sonho lindo, no sorriso que encerras, fechado a sete chaves, e que te atreves a depositar na folha imaculada da carta que me escreves. Hoje não te trago uma prosa avulsa, daquelas que escrevo para ser apenas lida, trago-te um

Amar só por amar

pedaço de alma, que quase não precisas ler, para de cor saber o que te digo.

Neste pequeno sopro de vento, te deixo um beijo, um desejo e um sonho para que durmas na suavidade das minhas letras, aconchegada desta fria noite, como se meu corpo te envolvesse no calor dum abraço, apertado, porém delicado, com todo o cuidado.

www.aalmas.eu

Capítulo II

www.aalmas.eu

Espero que os ventos que carregam as minhas palavras sejam apenas e só as brisas frescas que complementam o teu sorriso. Aqui as chuvas são a água que nos lava a alma e os dias em crescendo caminham a largos passos para uma Primavera que se anuncia já nos raios de Sol trespassando as nuvens. Essa ternura que é complemento do fogo aberto e sincero que constrói a tua alma, transborda das palavras que me dedicas, e que agradeço com a singela beleza de quem sabe iluminar o espírito de uma amizade transcendente que nos une de há muito.

Espero ver-te sobe forma de letras, como maná que se precipita dos céus sobre a saudável loucura de mundos por ti inventados, seja em brisas, seja em tornados.

Sempre encontrarás em mim uma pausa no teu tempo, um lugar de paz e tranquilidade, um momento de ternura e afecto. A amizade é a suprema forma de amor em que nada se pede e tudo se dá. Em que os silêncios não são ausências, mas momentos para se escutar. Em que a distância não nos afasta, só nos concatena.

Um beijo no teu coração e um abraço à tua alma,

www.aalmas.eu

Capítulo III

www.aalmas.eu

Amar só por amar

Como sempre digo, faço! Como sempre faço, escrevo! E nas letras deixo o teu perfume, extraído do mais alegre sorriso, do mais esbelto traço de um corpo que invento. Saboreio o pó do carvão que nas mãos se espalha como essência de um risco que te desenho, deduzo e dispo na suavidade deste lugar onde te crio. Aqui és musa, nua, que inspira a imaginação do artista, és senhora divina que na tela se imortaliza. Deixo os traços fluírem pelas curvas da tua pele, como se fosses uma estátua inerte que recebe a chuva das minhas lágrimas que descem com alegria pela tua esbelta nudez, são tinta que te tinge os contornos, que vai criando em ti adornos que completam o teu corpo. Depois, um último sopro, nos lábios carmim, onde suavemente deposito algo de mim, dando-te vida, fazendo-te logo ali, mulher, bonita! A arte da tua beleza será com toda a certeza a alma que senti, ao de leve tocar nos teus lábios, e de ti beber esse olhar.

www.aalmas.eu

Capítulo IV

www.aalmas.eu

Amar só por amar

É teu nome doce como o sabor dos teus beijos, como os sentidos que em sonhos te vejo. Mel que resvala na pele despida de preconceitos, que banha meu corpo inteiro como se fosse um lago plácido de prazer. Minhas mãos são como pássaros livres sobre as montanhas da tua silhueta, voam, contornam teu mundo numa só volta, abraçando-te e envolvendo-te em mim. Neste mágico momento, sinto como me enlaças, como em teu âmago me abraças e me deixas possuir-te por completo. Saber fluir os sentidos, como lava incandescente que desce do cume da luxúria, é degustar os prazeres do amor que se sabe fazer, que se sabe degustar, nos lábios molhados do teu doce mel.

Sabes Dulcineia, é nos detalhes que descubro os caminhos, é nas noites que fico sozinho que voo mais alto no firmamento, que divago em teu próprio lamento e adormeço envolto no teu corpo. Nessas noites, os ecos propagam-se e no êxtase entregam-se as almas à vontade de se fundirem numa só. Depois, adormeço nos teus braços, colado ao mel que derramas dos teus lábios.

www.aalmas.eu

Capítulo V

www.aalmas.eu

Amar só por amar

Para que amanhã não seja uma eternidade, eis-me hoje aqui, despido de qualquer preconceito, com as roupas amarrotadas pelo chão espalhadas. Não, não trago violino, não toco violoncelo, e metais não é a minha especialidade. Desenho apenas no ar com as mãos, como se praticasse qualquer tipo de artes marciais, tu, no meio da sala, sentes de olhos fechado o vento que agito, escutas a música do teu violino e segues-me nos movimentos com o instinto da tua alma. Esta é uma dança entre corpos desnudos, na pureza das emoções que geram a oscilação do ar que os envolve. Paramos, em frente um do outro, de olhos cegos pelas pálpebras cerradas, evitando o toque físico da pele, mas percebendo nela o calor do reflexo etéreo das almas que se aglutinam. Sigo o ritmo do teu corpo, a um milímetro, dançando contigo, perseguindo a tua sombra que se espalha no chão, percebendo o próximo movimento com emoção. Amanhã será uma eternidade enquanto esta tangencial dança se propagar na alma que se encastra nos corpos exausto de prazer para nos dar.

www.aalmas.eu

Capítulo VI

www.aalmas.eu

Amar só por amar

No regresso dos tempos, continuo aqui sentado no umbral da memória, projectando a minha sombra sobre o teu corpo, vigiando o teu sono, como uma vela que oscila ao vento da manhã. Sou o pó que viaja nas asas do vento, a ausência de luz quando um corpo se interpõe entre a alma e o amor, mas regresso para voltar a descrever, com as palavras que gostas de ler, os sentidos com que adoras sonhar. Voltei, contador de histórias, elmo da tua memória que cobre teu lindo cabelo. A pausa quebrou-se e de novo oscilo ao vento que transporta os pós da saudade, do amor e da paixão.

www.aalmas.eu

Capítulo VII

www.aalmas.eu

Amar só por amar

Esta seria uma carta qualquer se não fosse única, se não a tivesse escrito só para ti. Mas esta não é uma carta qualquer, porque além de ter destinatário exclusivo, está impregnada de sentidos, de letras que não formam apenas palavras, são como mãos que acariciam, são como dedos que se enlaçam em teus dedos. Não, esta não é uma carta qualquer, é aquela carta que se escreve sozinha, porque basta deixar as mãos libertas e elas se encaminham, sabem de cor o que dizer, mesmo sem meus lábios mexer. Esta pode bem ser, aquela carta que sempre quiseste receber, aquela carta que esperas há várias vidas, mas, seria presunção minha, ter a certeza que efectivamente esta seria a carta que tu esperarias. Sabes, as palavras são como caixas que te permitem colocar lá dentro os sentimentos que desejes. Nelas podes colocar a amizade e falar ao teu amigo da saudade de não o veres há muito tempo. Podes colocar a raiva e reclamar com a vida quando ela te rouba um bem precioso para ti, ou, podes colocar o amor, e dizer para outra pessoa como é importante tê-la no teu coração. De todas estas opções eu costumo escolher a última, e numa

António Almas

forma de amor, digo a tanta gente como é importante que dentro de nossas caixinhas de palavras coloquemos o amor para dar ao outro, mas isso nunca é suficiente, e por isso acabo falando sozinho para tanta gente.

A palavra amor é de uma imensidão tal, que nos permite amar o que quisermos, a linda flor com que ornamos nosso cabelo, o voo da ave que trespassa os céus, o olhar cândido de um filho, o fogo ardente com que alguém nos olha, o amor quente que sentimos no peito quando estamos apaixonados. Por isso, amar é também tão lato como a sua essência, e amar muito é ser capaz de fazer caber em nós todos os tipos de carinho, sem perder o essencial do que é por definição o amor que sentimos.

Não guardes o teu amor, não deixes que a timidez te prive de sentir, de compartir, e de desejar, porque o amor é isso mesmo, partilhar. E o amor não é apenas etéreo, é feito de pele e de dedos, de suores e medos, é regado de prazeres, de loucuras e de fogos que por toda a eternidade perduram. Amor é beijo molhado, é corpos em união, pleno sentido,

Amar só por amar

quanta emoção, é gemido, é paixão. Também aí a palavra nos surpreende quando atrevidamente soltamos um grito, atingimos o clímax e derramamos em nós toda essa infusão de fluidos que escorrem como lava ardente no ventre.

Sabes dos momentos do tempo em que teu mundo se veste de coloridos? Daqueles instantes em que fechas os olhos e me vês dormindo? Então sabes de que cor são os sonhos, de que gosto têm os morangos maduros que enchem teus lábios de carmim! Sabe do cheiro do vento que te trás a mim, do gosto da água salgada que escorre pelo teu ventre como lágrimas de saudade que nascem em rios, em mim.
Sabes também do silêncio que nas madrugadas se estende para lá das paredes e voa nas asas da noite para percorrer belos horizontes que desenhas em meu peito. Depois as letras que como peças de puzzle inventas e preenches de palavras feitas, dobradas nas folhas brancas onde me escreves. Sabes bem desse reino sagrado, onde idolatras o teu amor desejado,

António Almas

onde com ele passeias de mãos dadas na beira mansa do mar. Segues as pegadas que para ti deixa na areia molhada, como trilho que te há-de levar ao lugar onde te aguarda.

Hoje esperei por você,
vi os ponteiros do relógio parar,
vi o carro que acelera sem parar,
hoje esperei aqui por você.

Fiquei olhando o ar,
que segue de mansinho,
fiquei aqui sozinho,
esperando você voltar.

Deixei minha alma naufragar,
esperando ver você por mim passar,
deixei o tempo soçobrar,
esperando você me olhar.

Amar só por amar

mas você não veio,
e fiquei aqui no meio,
tentando perceber porquê
não veio você.

Não há fome, nem desejo que não nasça do que dizemos ou fazemos, do que descobrimos na ponta dos dedos. Tua fome e minha sede, são fruto daquilo que dizemos, que escrevemos e imaginamos, são a sede que mata a água, a fome que mata o cordeiro, eu alimento-me do teu corpo imaginado, do teu desejo encantado nas palmas das mãos que passas sobre o meu corpo igualmente por ti inventado. A tua fome devora as minhas letras, desenhando nos céus do teu olhar uma luz em arco que se pinta em várias cores, e eu fico, neste imenso silêncio em que nos degustamos, tu minha mente eu teu corpo, tu minha pele eu teu gosto.

Depois vêm as instâncias que os corpos reais procuram nas lágrimas que escorrem pelos canais do prazer, da luxúria e do

António Almas

desejo de comer o detalhe do outro. Eu procuro o teu mel, tu em meu falo derramas teu desejo de amor, eu em teu corpo aqueço o meu mais dedicado pudor. E nas pontas dos dedos deixamos as palavras formarem gestos que em detalhes se adentram em corpos ardentes, ou se agarram em falos pungente de desejo queimando as palmas das mãos que a gente sente. Escorrem os fluidos, derrama-se a luxúria que a alma pura não entende, mas de que o corpo suado é carente.

O sono sente-se no teu olhar que parece querer naufragar, não sei onde posso encontrar a maneira mais fácil de te acordar. Pareces soçobrar quando não te levo aquilo que esperas nas palavras que te dedico, quando não és centro e apenas te sentes periferia. Não julgues que em mim reside uma pessoa fria, às vezes a vida leva-me o corpo para outro lugar, as realidades afogam o homem em detalhes que lhe retiram o seu encanto, não lhe deixando no seu pedaço de recanto onde versa. Não atormentes a alma em qualquer falha minha,

Amar só por amar

ausência ou aquilo que a ti te pode parecer displicência. São as horas a marcar o ritmo da vida de alguém que também respira, se magoa e se asfixia com as voltas imensas desta roda que é a vida.

Hoje posso não ter estado, como ontem também não estive, mas ainda assim distante mantive teu corpo desassossegado. E de manhã deixaste-me desacordado e de noite levas-me para te tomar no fogo desse teu olhar, na ponta dessa tua língua que por mim sobe a cima. Devoras e devoras-te, a mim com a boca, a que tem língua a que tem apenas lábios, a que grita e a que faz a outra gemer, de prazer, e devoras o teu corpo na ponta dos dedos que te percorrem e te acariciam, descem e sobem, no ritmo da água morna que sai do chuveiro, e entram e saem dos lábios pequenos, os outros que não gemendo segregam teu prazer em fluidos quentes.

Sigo os trilhos do tempo, como cordas que amarram as lembranças em voos seguros, que não deixam os corpos cair

António Almas

no abismo fundo que sobre nós se destaca. Deambulo pelos sonhos, como ave migratória, como pássaro perdido entre ninhos de angorá, sou o sangue que flui nas veias do destino, como lava que nas entranhas do vulcão se derrama em quentes e luminosos desafios.

Neste abraço de loucuras, sentes todas as ternuras num fio de cabelo que oscila, como corda onde a ti me prendo. Como se fosses montanha que escalo, nos sulcos microscópicos de tua pele me seguro, subo até entrar na tua mente, e daí em frente, penetrar todo o teu íntimo, prazer que degustas na solidão dos momentos, no âmago quente de uma cama onde teu corpo ardente, geme...

Depois passeio-me em tua alma, como boneco animado, desenho por ti inventado, onde sou apenas tons, loucos silêncio e escutas-me, como se fosse um eco que as paredes vazias inventam, para propagar a alegria de ver o silêncio cortado em cada fatia. Sou a noite e tu o dia, sou o dedo e tu a mão, sou a pele e tu a seda que em teus seios resvala

Amar só por amar

deixando-te nua na brisa do vento que passa. fico aqui, calado, em ti.

Sabes que às vezes me sinto como semente?! Um pequeno grão de trigo, que qualquer pássaro me pega e me leva no seu bico. Às vezes pareço ciclo, que sempre se fecha a si próprio no final do caminho. Talvez seja porque sinto demais, ou deixo imediatamente de sentir logo a seguir, talvez porque seja muito mais do que aquilo que desejo ser. Depois vêm os silêncios, e neles me encontro, e mudo o caminho e volto sempre ao mesmo lugar, começo e acabo, nasço e morro sem sair do mesmo sítio. E pronto, deixo-me estar, no meio das minhas letras como em qualquer lugar, e volto-me para dentro fechando-me como flor no adormecer do dia. Não, não é agonia, não saudade, ou solidão, é apenas necessidade de ser sempre Verão.

Hoje não canto nem falo, apenas me escrevo, a mim próprio, numa carta já entregue ao destinatário de sempre, sou

António Almas

escritor e leitor daquilo que digo, daquilo que penso, sou a tempestade e o tormento, o pranto e o encanto, dentro de um só momento. Adormeço, calo a voz, e os dedos, e fico enrolado sobre o meu ventre, apenas durmo, não sonho, não falo e não voo para lugar nenhum, fico apenas no mar.

Hoje é o dia depois de ontem, o dia seguinte, logo a seguir ao dia que foi.
Tango é uma dança de sensualidades, um sentir bailado que se cola à pele, uma violenta ternura que se faz de gestos firmes e ternos, intensos e mágicos, um deslizar de corpos pelo tecido, das mãos pelo vestido, cingido, não apertado, pelas costas despidas, pelas nádegas firmes pelos músculos suaves duma mulher.
As letras são gotas de orvalho que no suor dos corpos se derramam como lavas incandescentes que o vulcão emana. São passeios por mundos invisíveis por planaltos e florestas virgens...

Amar só por amar

...Os corpos inexplorados, são matas a descobrir, pedaços de pele que se soltam na ponta dos dedos que os fazem florir, fogo e paixão, que no intenso tesão, espevitam os nervos, libertam as hormonas que invadem libidos...

...Silêncio que se transformam em gemidos, pernas que se abrem para sentir, corpos que se rolam para roçar os sentidos contra as superfícies duras que os acariciam suavemente num ritmo por nós controlados.

Será a paixão fugaz como a estrela que se precipita do céu? Não sei, não interessa desde que o ilumine e o risque com traços de luz, afinal é assim que o corpo se seduz. Falar, ou melhor, escrever, é ânsia de quem é feito de letras, então longas serão essas conversas. Essa definição de paixão arrebenta com todos os conceitos, porque explosiva na quantidade certa, não tem preconceitos, e suga-se na hora exacta em que está pronta para ser bebida. E, será sentida? Certamente, intensamente! E se a paixão grita? Se grita,

António Almas

porque se quer ouvida, agitada e quente, pura e simplesmente, indecente.

Gostar-se é meio caminho andado para gostar de... E saber-se sentida é mais que um caminho inteiro andado para sentir-se... Então nesse desfilar de quotidianos em que cada detalhe não é um acaso de coisa nenhuma, perceber onde o vestido assenta, onde o *baton* toca os lábio e pinta, onde o verniz cobre as unhas descobrindo a sensualidade feminina, felina, é o culminar da paixão de ser sentida, de deixar ao passar um perfume no ar e gente estarrecida a olhar.

Essa ebulição em que as minhas vontades te acordam a alma, e te excitam o corpo, antes mesmo do regresso ao âmago onde podes desatar-te as mãos, o corpo, desse vestido justo que te cinge e não te aperta, explode como géiser, libertando em espasmos de prazer o que as letras, os sentidos e as paixões fizeram arder.

Amar só por amar

No lirismo das palavras sempre descubro um quê da minha loucura enquanto alma. Não descortino os sentidos apenas porque estão embebido no meu corpo, mas porque os sei desenhar enquanto fragrâncias ou odores, enquanto simples sabores. Na mescla das letras formo as palavras que te escrevo como formulas alquímicas que parecem não sortir qualquer efeito, seja porque são falsas conjugações, ou, tão simplesmente porque são um hiato. Não sei, para ser exacto, o que recebes quando te falo, o que percebes quando não te digo, o que sentes quando te desperto os sentidos.

Ainda assim não desisto e inundo-te a alma e o corpo de letras como se fosse uma tatuagem que a cada dia preenche o teu pequeno corpo, a tua pele vazia.

Sou o som e as palavras, os instantes e as letras que como tinta em ponta de agulha tatuam tua pele nua. Sou o silêncio e o vento, o remédio e o pranto com que salgas teus mares, veleiro que cruza teus oceanos, beijo insanos.

António Almas

És a brisa que esvoaça pela terra, o lamento a plena fogueira que queima desejos, e arde luxúrias, és pura loucura.
Dorme nua, envolta nos dedos que te traçam, se amam e te devoram, nas mãos que te seguram, as minhas que em ti perfuram.

Os dedos delimitam as carícias que percorrem a suavidade da pele, a ternura da alma que em contornos inventados se perfila no teu/meu olhar. Tu conheces o meu corpo, não apenas porque o sentes em ti quando te invade em certas horas do dia, conhece-lo porque o viste, o olhaste sem o sentires. Esses desassossegos que sentes são fruto de momentos intensos em que te escrevo, em que te penso em que te invento. Não serão frutos de outra qualquer magia a não ser a dos sentidos que se propagam no ar em sopros de brisa.
As dúvidas que alinhavas são fruto da inconstância de saberes efectivamente se sou quem tu queres, mas, depois há palavras

Amar só por amar

minhas que te arrepiam a pele, e sentes a necessidade quase insana de as sentires, então não te atreves a descobrir, deixas apenas fluir este jogo em que "de olhos bem fechados" nos tomamos em loucas fantasias de adolescentes sem medo.

Na dúvida de seguir no caminho errado, piso na areia macia da praia, seguindo pegadas já antes decalcadas, não arrisco cair fora do trilho sob pena de precipitar-me no abismo profundo do oceano. Nada como segurar-me às palavras suaves que apenas embalam a alma, nada como dedilhar nas teclas gastas deste alfabeto já conhecido, assim, não agrido com metáforas, escritas de uma forma e lidas de forma diversa, apenas entendo, e descrevo o que vejo, o que sinto, sem me arriscar a ser mal entendido.

Até porque neste jogo de letras não existem corpos, não os vemos, apenas nos imaginamos, logo não há porque querer tocar em algo que não se vê, fica a fé, a crença que as palavras são como dedos, que meus e teus se embrenham nos mais

António Almas

recônditos lugares do nosso imaginário individual. Nesta chuva de letras, somos apenas almas despidas que se banham numa vaga de mar, e, daí não pode advir qualquer mal.
Adormeço no silêncio desse olhar que de luz se faz quando em mim nascem os momentos que queres criar, depois, como artesão moldo o barro em figuras macias de curvas inventadas nas pontas dos dedos. E deixo-te nos lábios acabados de moldar, um beijo.

Gosto da essência das flores, das que não dou e apenas olhos, das que cheiro e não vejo, das que toco e não colho. Gosto de receber, de dar e de admirar, como gosto de te dar, tocar e sentir, como sei receber e deduzir no silêncio do quase nada o quase tudo que estar porvir.
E vejo-te reflectida nesse espelho onde te observas, onde me vês como face inversa. Percebo o detalhe de cada imagem invertida, e não me esqueço de sentir em cada palavra o que me mandas. Vejo-te passar, fico quieto, ali a olhar, absorver a

Amar só por amar

essência da fragrância que sabes que libertas, a deduzir os sentidos que só para ti guardas dentro desse pequeno corpo que se anima de grande momentos. E sei por onde vais, ao que vais e ao que voltas a recolher no mel dos lábios os desejos que degustas. Quente, quase ardente o mel que derramas dos teus lábios sobre o peito despido de inconstâncias, sabes o que queres e avanças, e eu quieto deixo-te apenas chegar, ao teu lugar, só te quero sustentar o suspiro que num toque de lábios não soltas, porque sustenho-o em ti, com a boca fechada sobre lábios abertos perdidos no nada.

Não te corrijas, não te desvies, recebe por inteiro o sentido, o momento perdido pelo qual te olhas no espelho, despida e nua de todo preconceito.

www.aalmas.eu

Capítulo VIII

www.aalmas.eu

Amar só por amar

Sigo os trilhos dos teus dedos que sob os meus me levam, viagem de contornos na escuridão pálida desta noite, de olhos fechados, sinto teu corpo encostar-se ao meu, teu dorso em meu peito, tuas nádegas encostadas ao meu ventre, minhas mãos são tuas mãos que se seguem em labirintos de curvas feitos, levas-me à tua boca, onde sugas meus dedos, percorro o contorno dos teus lábios que molho com tua própria saliva. deslizas pelo pescoço e curvas que te agitam o dorso contra mim, como que desejando que te possua, mesmo assim, logo ali na urgência do prazer que não dominamos. Seguramos-nos, e depois minhas palmas são já contornos de teus seios que afago com suavidade, espremendo teus mamilos que ficam latejando de prazer. Levas-me por teu ventre, conduzindo o teu próprio prazer, sentido o meu crescer. Abres-te e deixas que meus dedos contornem teus segredos enquanto ao teu ouvido gemo murmúrios de prazer. Os corpos comprimem-se já na ânsia de uma penetração quase selvagem, segurando por pequenos momentos os impulsos. Sinto a tua humidade, abres levemente as pernas para que me sintas penetrar-te, entro

António Almas

devagar, tuas mãos seguem o caminho do meu falo que se adentra em ti, sente-lo e estremeces no momento em que profundamente me meto dentro de ti por completo. O teu corpo arqueia-se para me deixar entrar mais fundo, pleno preenchimento, corpo em corpo dentro.

Depois degustas-me, o teu anel aperta-me dentro, sugas e expeles o meu corpo, numa dança simultaneamente rápida e lenta, durante vários minutos somos apenas um só corpo tomado pela energia que nos anima, numa ondulação de maresias, que os corpos extasia.

No momento exacto em que sinto teu corpo vibrar como as cordas de uma guitarra, derramo em ti o suco, que te banha as entranhas e se mistura com os teus fluidos numa mescla de luxúria, sentes o calor preencher-te por esta lava ardente que te sobe até ao ventre. Aconchegas o corpo ao meu, e sem deixar que me solte de ti adormecemos num sonho de mil cores agarrados um ao outro até ser dia...

Amar só por amar

Escorre-te pelo corpo a água do desejo, que vertes dos sentidos em golos frescos. Sente-la derramar-se em teus seios, dilatar-te os mamilos e arrepiar-te a pele. Aquece à medida que se fricciona em ti, numa atrito suave, quase caricia, como dedos finos que te penetram os poros. Sente-la mergulhar em teu umbigo, para depois saltar como se se lançasse num abismo, percorrendo teu ventre em direcção ao desfiladeiro húmido e apertado do teu sexo. Quando chega, sentes como é fresca esta água que te inunda, voltando a precipitar-se, escorrendo pelas tuas pernas agora trémulas porque teus dedos já se misturam com ela na descoberta dos prazeres de um orgasmo molhado, no chuveiro.

Na ponta da língua derramo a saliva que percorre a tua pele como um regato, meus lábios sugam-te os mamilos e os dentes suavemente mordem-nos. Meus dedos espremem-te os glúteos e marcam-te a pele com o fogo do prazer que me dedicas. Nas palmas das mãos estalam os corpos que de prazer se provocam. Procuro o teu sexo, quero sugar o teu prazer, mordê-lo como se quisesse devorar-te por inteiro.

Neste instante é teu corpo que geme, que derrama em minhas mãos o teu sémen, que se desfaz em ondas de luxúria e se deleita com o prazer a que te condeno. Depois já dentro do teu útero, sou bicho pontiagudo que te devora na força das estocadas que teu corpo aguenta. E teus seios oscilantes, são delírios para meus olhos que num instante os devoram, e minha boca os engole quase por inteiro.

Silêncios depois do êxtase, calados, corpos suados ficamos abandonados à mercê dos sonhos que as palavras despertam, não sei se és tu, não sabes se sou eu, serei qualquer um que te deixe plena de loucura, farta de luxúria, e voltas, e adormeces na cama cheia de gente com quem te acostas nas palavras.

No incenso do teu desejo absorvo as essências da luxúria que espalhas na atmosfera já carregada de intenções. O prazer de degustar os sabores da pele é partilhado quando as línguas

Amar só por amar

como pincéis deslizam sobre a suavidade dessa tela viva, quando os dedos tomam conta dos recantos de ti, e te penetram o corpo tocando a alma. Quando a boca se fecha e te morde o lábio, sentes o frenesim do corpo entrar em ebulição descontrolada, desconcertada e caótica, derramas fluidos de prazer que escorrem das entranhas fechadas do teu ser. O silencio sustenta-se numa boca ocupada na degustação do sexo, que em plena contenção segura até ao último momento a sua ejaculação. Depois, solta-se um grito, que os lábios cheios do prazer já derramado, lambem até à última gota deste néctar vivo que degustas. Gemes, quando a minha língua em ti penetra e meus dedos te perfuram, como se fossem sondas descobrindo as profundezas do teu corpo. Gritas, quando em ti me adentro, como falo que a Terra fértil penetra, como arado que rasga teu ventre. Depois, uma avalanche desce pelas encosta do teu corpo, levando uma onda imparável de espasmos à loucura do clímax, e num grito já surdo, derramas teu néctar que se mescal com o meu num mágica poção de puro e simples prazer, a dois.

António Almas

Sabes do vento que te leva minhas palavras, do momento em que meu corpo teu trespassa. Sabes do instante em que te seguro, de braços abertos acima de tudo. Sabes do beijo que em teus lábios deixo, da carícia que em teus seios desenho. Sabe do perfume que de minha pele se liberta, do gosto suave de minha língua em perfil. Sabes bem o gosto doce de um beijo, que meus lábios em teus selam.

Sentes o arrepio que os poros te oferecem, mesmo no instante em que tudo isto acontece. Sentes o calor estranho que te invade, quando meu corpo etéreo voa sobre ti. Sentes teus fluidos soltarem-se em ondas suaves de prazer que tuas entranhas invadem. Sentes meus dedos percorrer teus lábios cheios de mel. Sentes tua alma percorrer meu peito, em doces e suaves movimentos, como brisa que desse vento se solta, me toma e me provoca.

E no céu da noite escura, mil pontos de luz encontras, como se nascessem estrelas no fundo do teu olhar cerrado, solta teu grito interno, gemido extenso de prazer que meu corpo em seu estremecer toma do teu sentir. Nesta ponte imaginada,

Amar só por amar

em que os dedos se estiram e atravessam o oceano, minhas mãos em teu corpo nu se embrenham, percorrendo cada detalhe da tua silhueta, desenhando em suas ancas movimentos lentos que se encaixam no meu sentido. E tua boca viaja em suaves ondulações sobre meu sexo, como terno e suave beijo que sua língua molhada, excitada, desenha no corpo do meu próprio prazer.

E depois, no aconchego dos meus braços, como menina te tomo, adormeço e conforto, sabendo que te guardo em meu peito, despido, no homem que satisfaz o teu desejo.

Xiuuuuu, silêncio, que lá fora a noite já é longa, e brevemente o dia desperta, dorme menina inquieta, que fico aqui cobrindo-te, com minha noite de ternura, manto que acalenta tua pele nua e sustem teu sonho na ponta dos dedos.

Amanhã será de novo dia e virá nos céus o Sol, espreitar-te acordar, recordar-te-ás de minha visita e teu corpo suado, molhado no nosso prazer saciar-te-á ao voltar a ver-me.

António Almas

Esse lugar perdido, entre a sensação de um toque de lábios sobre o ventre, as mãos que se perdem entre cabelos e puxam suavemente a minha boca para teus seios, deixam o meu corpo desperto, reage à sensação húmida que minha língua deixa no percurso que faz por teu corpo. Perco-me no topo dessas elevações de prazer, que me deixam mais perto do Céu, paraíso que percorro com a ponta de meus dedos, enrolando a língua em redor de seus cumes. Depois procuro teu pescoço onde te beijo, seguindo o caminho de tua boca que já chama por mim.

Sinto o teu ventre colar no meu e absorvo o calor de tuas pernas quando se enrolam em redor da minha cintura, precipito-me num salto de luxúria em teu vulcão, de lava ardente que me acolhe, se molda em mim deixando-me penetrar no centro do teu mundo em ebulição. Sinto a lava abraçar-se ao meu eixo de gravitação, fecho os olhos e sinto, sinto as ondulações do teu ventre, no ritmo que meu corpo acompanha, que minha língua enrolada na tua estimula, somos uma só vaga, que se move num movimento perfeito, fusão, desejo, erupção. Mesclam-se os fluidos da alma e sentem-se derramar os corpos seu néctar, neste momento de pura loucura que me fazes sentir.

www.aalmas.eu

Capítulo IX

www.aalmas.eu

Amar só por amar

Nesse lugar fantástico que descobrimos na abertura de nossos sentidos, somos centelhas de luz que deambulamos em palavras feitas de dedos que tocam a pele, e afagam os sentidos num abraço celeste que preenche o corpo e a alma num instante de puro e simples prazer.

Esse nevoeiro que abraça teu corpo na madrugada despida de preconceitos são meus dedos que na distância te alcançam num abraço eterno segurando tua alma em meu regaço.

Na noite escura o som do nosso silêncio quebra-se nos gemidos que os corpos soltam ao êxtase de cada profusão, são gritos calados de amantes enlouquecidos de prazer. Em caminho ao destino já traçado por universos paralelos aportamos no nosso próprio âmago, como enamorados que se possuem na louca luxúria do tempo.

Ficamos assim, nesta troca enlaçada de palavras que quebra todas as regras das distâncias num mar cheio de fluidos e desejos onde nos banhamos a cada noite que passa.

António Almas

...Crescente ou minguante, consoante a Lua que no seu caminhar flutua na mente do teu corpo, quase transparente, de cristal ofuscante. No mimo suave de tuas mãos que minhas mãos aquecem e teu corpo estremecem. No gosto da fruta acabada de colher, na suave ternura do teu ser que em arrepios se excita de prazer. No silêncio, abraço a pele que em partículas de pólen se incendeia no desejo, na vontade que teu corpo envolve na teia, seda suave que teus poros permeia. É nesses suspiros, que seguras como fios na ponta dos teus dedos, que teu corpo acaricias, num instante de luxúria ou pura alegria. No brilho constante da tua Lua que em mim desliza como prata torneada nos lábios de ti mulher. Devoras o meu prazer que tomas como teu em pequenas colheres de delírios inconstantes, ausências marcantes que viciam a imagem dos ídolos que no vazio dos tempos adoramos para nós. Sujeita meu corpo com a palma da tua mão, como se pairasse no ar como anjo, ou pura ilusão, segura meu sexo na tua boca, como gole de vida de ingeres, que te aquece e te faz explodir de prazer.

Amar só por amar

Afaga teu ventre como vulcão ardente, mete tua mão no prazer do teu gozo, que em ondas se perde entres dedos resvaladiços, entre murmúrios escondidos nos lábios molhados de loucura. Minha boca por ti desfia palavras de pura magia, minha língua por ti circula como água em rio profundo, meu prazer por ti jorra em jactos de puro delírio, numa insana maneira de sentir que ambos percebemos ter, não deixamos o mundo correr para que não se apague o fogo deste quarto de Lua minguante que num qualquer instante será plena.

Sigo na margem do rio, que flui em longos deslizes de água fresca, sigo o ritmo da correnteza em caminhar sereno pela vereda. Vejo os peixes saltar, querendo voltar rio acima. Vejo as árvores passar no ritmo deste caminho quem sobre meus pés desfila. Na garganta da rocha afiada, vejo o tumulto das tuas águas, que se elevam e agitam, que fervilham de vida.

António Almas

Vejo os pássaros que em voos picados tentam colher do rio o seu sustento.

Paro para molhar minhas mãos, em teu corpo fluido, em teu pedaço de mar. Deixo a corrente passar, como carícia que por meus braços desliza. Sinto a força do teu querer, como se quisesses meu corpo ser. Sinto a transparência do teu olhar que no meu vem adormecer. Contornas-me o corpo imerso, segues por todos os meus poros, preenches todos meus detalhes e lavas todas as minhas penas, antes de seguires o teu curso.

Mergulho em ti, como peixe que, contra-corrente, quer chegar à nascente, onde a água é mais dormente, mais cálido o teu abraço, mais suave o teu querer. Nado, com a força do meu espírito, como pássaro que em perfeito equilíbrio paira sobre o teu corpo de rio, fluido. Tomas-me e levas-me, embalado na tua força, como folha de árvore amarelecida. Levas-me na tua vida, para o estuário, onde em branco sudário nas areias me depositas.

Amar só por amar

Hoje escrevo-te no silêncio da noite, um texto de palavras simples, de detalhes encorpados de uma pele delicada. Hoje escrevo-te na luz desta vela que se agitam em mares não navegados, em discursos não proclamados. Dizes que não me inspiras, dizer-te-ia que te consumi a inspiração, que depois de mim se foi, não sei se em vão. Eu sim roubei-te a inspiração, e deixei tuas noites cheias de saudades, teus descansos cheios de ansiedades. A mim se deve esta paragem, suspensão de respiração, ilusão, ou não, de um futuro que esperas. Não gosto de fazer-te ser assim, não quero que fiques na ânsia da minha espera, mas no prazer da minha constante presença, e se é um corpo que precisas não será por mim que te sentas, deverás caminhar, e seguir nas voltas da vida até aquilo que desejas encontrar. Eu sou a eterna saudade, vazio constante que em teus desejos ficam como caminhante que caminho não termina. Não me faças sentir assim ou sentir-me-ei o pior dos homens.

Fica com a alma limpa de quem está porque tem prazer e não por quem espera colher prazer. Serei melhor amante se te

António Almas

souber assim do que na constante ansiedade de dias que não sabemos quando virão, se virão e como virão.

Depois fica ali tua singela beleza, e por mais que não queira sempre me dá vontade de te olhar, de te imaginar de te enlouquecer um pouquinho mais. Sei que não devo, mas tentas-me e faço sempre as tuas vontades, desejando não deixar-te nas saudades, e nas ânsias que me preocupam.

E teu sorriso de estrela sempre cadente, que risca a noite num raio brilhante, não se apaga da memória um só instante, depois, todas as loucuras que me encantam e me ofereces, todos os desejos e fantasias que se ofereces, deixam sempre a vontade de estar colado em tuas costas. O vicio sempre será um mal, seja de drogas ou de cigarros, de pessoas ou de sentidos, é preciso tomá-lo com cuidado pois não querendo que fiques adicta, desejo apenas que fiques com vontade de me olhar e sentir, ainda que na distancia ou na esperança de um porvir.

Amar só por amar

Hoje te escrevo sem título, sem qualquer nota sobre assunto, sem qualquer direcção ou rumo. Hoje te escrevo apenas palavras, linhas nunca traçadas em letras acabadas de formar na ponta de meus dedos. Não escrevo textos profundos, pois não quero que te afogues neles, escrevo suaves letras como seda, onde podes deitar-te e adormecer. Hoje não escrevo sobre sentidos, não analiso ou concretizo, apenas falo, conjuntos de frases, em ventos suaves que agitem teus cabelos. Hoje não leio, nem livros nem textos, nem mesmo este que te escrevo, quero que seja fruto de minhas imperfeições, que seja claro nas intenções, sem qualquer motivo para quaisquer correcções. Hoje não te falo, porque guardo a voz, para dizer mais tarde o que ainda não foi dito, para sonorizar a melodia do que ainda não foi cantado. Não sei por onde levam estas letras, como as entenderás, se acharás que lhe escrevi sem assunto ou se é apenas um texto difuso. Não importa pensar o que pensarás, apenas escrever o que a mente deixar. Hoje não danço com ritmo, as palavras

António Almas

soltam-se em frases, são fluidos que jorram da mente que aberta, mar, ilha deserta em pleno oceano se agita.
Parei, e fui-te ver, nesse teu olhar angelical que até é difícil acreditar que das voltas da vida já tanto andou perdida.

...Quando o corpo se liberta, a alma segue no mar de sonhos em direcção ao teu cais. Quando aporto, faço-me de teu corpo, que desnudo, espera-me sobre a cama. Assim, em ti me faço homem, nos prazeres da tua carne de mulher. Tomo-te como se fosses minha e não tua, possuindo o teu corpo em desvarios de prazer. E na loucura desse instante nossos corpos de ar, envolvem-se e misturam-se na fragrância do prazer que nos damos. Espero pelo teu instante, e devolvo-te o prazer em cascatas de desejo que em teu corpo preencho. E a noite é tua e minha, numa única essência de nós. Nesta noite, espero-te no meu corpo, vem!!

Amar só por amar

...Hoje despiria-te, com a calma placidez de quem não tem mais tempo para correr. Tiraria cada peça de teu corpo, como pétala de rosa que desfolho. Sentiria o cheiro da tua pele antes mesmo de deixar cair cada pedaço de tecido, percebendo cada bocado do teu dia nos resquícios ali esquecidos. Depois, andaria em teu redor, como observador, percebendo cada detalhe, cada risco de teu perfil, como arquitecto ou desenhador. Meus dedos adentrariam-se em teus cabelos, como dentes de pente que desembaraça teu cabelo após uma noite de loucura. Giraria tua cabeça, em movimentos de descompressão, e toda a minha mão, assentaria em teu ventre, que num espasmo vibrante, perceberia a temperatura do ambiente. Meus lábios procurariam tua orelha, para antes de mordê-la, murmurar baixinho teu destino, como quem sabe já todos os caminhos, relata histórias e canta trovas, entre dentes e sinais, fogos e outros que tais. Minha língua penetraria-te, desenhando em teu ouvido caracóis, meu olfacto apuraria para sentir o perfume de teus cabelos que meu rosto esconderiam.

António Almas

Agora de corpo colado em teu dorso, saberias de minha presença calor que nossas peles acalenta num suave movimento ondulante, e no ritmo da musica dançante, seguiríamos os passo de ambos, num tango, valsa ou outro ritmo qualquer, seriamos apenas homem e mulher. Depois, faria girar teu corpo, e de olhos em ti postos, tomar-te ia em meus braços, tuas pernas em mim enroladas, sentiriam o calor do meu corpo no teu penetrar.
Entre gemidos de prazer, suores de paixão devorar-te até ao coração num fôlego de saudade que tomaria de assalto tua alma e faria teu corpo em meu se derramar.
No êxtase desses instante escaldantes, um grito calado se solta, um abraço apertado reclama o último movimento perpétuo, e num olhar lascivo, teus olhos rolam e fecham-se num orgasmo mutuo que liberta teus e meus fluidos.
Depois, no silêncio absoluto, os corpo tombam, derrotados pela estucada mortal do prazer, que os deixa suados sobre o os lençóis a adormecer.

Amar só por amar

Sento-me em tua cama, deixo meu corpo relaxar, encosto-me, deixo-me ficar. Espero o teu regresso a casa, fico ali olhando as paredes, escutando o silêncio, nem o mundo para lá da vidraça de tua janela me perturba o pensamento. Olho cada detalhe das tuas coisas, sinto o perfume dos teus cabelos na almofada, olho teus pertences, e fico imaginando-te agitando-se por ali, na azáfama de um levantar apressado, da procura de uma roupa, do teu corpo semi-despido, andando de um lado a outro tentando lutar contra o tempo que se apressa em passar. Vejo-te caminhar para o duche, largar no chão a roupa usada, ficares despida na minha frente e seguires para debaixo de água. Vejo a tua pele ficar molhada, as gotas resvalando pelo teu corpo, contornando teus seios, descendo o teu ventre...

A toalha acaricia-te como minhas mãos, que seguram nela para limpar o teu corpo já refrescado pelo banho que te acorda. Sigo os teus passos apressados e olho-te enquanto te vestes, deixo-me ficar sentado, mesmo quando correndo sais apressada para o trabalho.

António Almas

Aqui quieto no teu quarto, vejo o mundo girar apertado, no tempo que se escoa, nos momentos que voam, sinto também as vibrações do teu corpo que no colchão se reflectem, momentos de prazer que entornam teu desejo, sensação ou puro tesão que teu prazer transborda de fluidos gostosos e melados, adocicados...

Fico aqui, como espectador da tua vida, rotina que quebro com minhas palavras, que agito e contorno como abraço apertado na tua cintura suave e terna. Como beijo já molhado por adivinhar meu gosto nos teus lábios.

Deixo-me estar no silêncio do teu quarto, lugar onde me fazes teu, onde teu corpo a mim se entrega, nesta imagem secreta que apenas ambos conhecemos. Mundo de silêncios em palavras quebradas, gemidos silenciados, pequenos nadas, que fazem toda a diferença. E quando regresses sentirás o perfume de minha aura impregnado nos teus lençóis, como pedaço de minha presença, como elixir que te adormece nos braços de Morpheus, que são igualmente os meus.

Amar só por amar

Aqui, dento de meu peito, há um lugar onde viva a alma, um sitio onde te guardo, como doce talismã. Aqui onde só eu conheço, há um lugar simples para amar. Há um silêncio profundo para te guardar, e um beijo longo com que sonhar. Aqui, bem no meio do meu ser, há um mundo inteiro para te ter, e na vastidão de tantos instantes, é aqui que te venho visitar.

Há aqui, neste lugar, um perfume de carmim e rosas, que recordam o gosto suave de tua pele acabada de molhar. O sabor intenso que teu corpo me oferece. Há aqui neste lugar um pedaço de tantas histórias que em pedaços de telas perdidas guardo. Quadros que penduro, lugares que decoro, como lembranças antigas de tudo aquilo que já fomos.

Este é o lugar, onde todos os pensamentos vão dar, onde a doce ternura é encontrar-te, abraçar e tomar-te, como se fosses minha, mesmo não sendo mais que apenas tua. Este é o lugar, onde recrio o que não digo, onde escrevo o que não falo, porque aqui é um lugar sagrado, onde convergem os mundos e as energias que são sopros de vida.

António Almas

Hoje vou ser como o vento que entra pela tua janela, vou levantar os teus cortinados, desenhar os contornos do teu corpo e invadir-te, levantando a tua camisa numa lufada de ar fresco que tempera teu corpo com a caricia do meu. Nesta noite suave, os braços enlaçam-se e lançam-se num abraço profundo ajeitando teu corpo no meu.

Deixo minha alma entregue à tua, no carinho de um beijo molhado em que as línguas se envolvam num terno abraço.

Depois espero que o teu corpo em espasmos se agite, ondule e se faça orgasmo universal que preencha tuas mãos de mel e o cosmos de energia intergaláctica. Sentirei o bramir do teu mar nos rochedos do teu corpo que estremecessem de prazer.

Espero-te no umbral dos tempos, teu corpo entra e trespassa minha alma como se atravessasses nevoeiro. Inspiras e entranho-me no teu corpo, como vento quente de um deserto por inventar. Sou orvalho que na tua pele se cola, humidade gostosa que refresca teu ser. Sou água quente que teu corpo

Amar só por amar

molha, que te percorre de oriente a ocidente. Sou fruta fresca que mordes, com a doçura de quem tem o prazer a escorrer por entre os lábios. Sou fogo-fátuo que ilumina a escuridão por um instante, que reflecte no teu olhar o brilho da paixão.

E tuas mãos são minhas mãos, e teu gemido o meu, em nosso corpo tão teu, faço-me presente em todo o instante. Na erupção do desejo, sou lava que derramas em teu ventre, sou âmago que em ti, sempre presente, regozijo da minha alma distante. Minha boca delicia-se com o gosto da tua pele, meus dedos são o prazer que me ofereces, e do vento fresco do norte, provocas a ebulição que meu corpo envolve. Neste silêncio escondido na noite, em que sou teu e me entrego, nos desejos que partilhamos na tua cama, sou alma desprovida de prantos, sou alegria e tantos encantos. Sou teu dia e tu minha loucura, insanidade pura que em devaneios me provocas, espasmos e anseios em meu corpo se expandem. Tomo-te, e faço-te minha, como detalhe perfeito do teu charme ardente, como mulher que por meu corpo se estende, deleito-me em

António Almas

teu prazer encontrado, plenitude de segredo enganado, soprado no vento quente que soltam teus gemidos em mim.

E quero que fiques, mais um momento, como única estrela neste firmamento, tomes conta de um corpo exausto, de uma alma despida de asas e me leves no teu regaço, para lá dos limites da eternidade, através do portal escondido nos mais antigos dos nossos sonhos, para o mundo que desenhamos em toque de dedos, em beijos não dados, em silêncios à muito calados.

E das nossas peles fala a luxúria, que em frémitos se agita, num balanço de barco em completa deriva, na tempestade de desejos, teu corpo penetro, tua boca devoro e tua alma possuo, como se bebesse cada gota de teu prazer que é simultaneamente meu. E num grito sussurrado escuta-se o êxtase acontecer, quando os corpos hirtos se apertam num gozo pleno e desmedido, como se tivesse pelo universo sido sentido, amado e desejado.

Amar só por amar

Depois chega o silêncio gostoso, os corpos abandonados um sobre o outro, partilham a essência de seus fluidos ainda mesclados. Adormecem em seus braços.

Hoje vou nas asas do vento, como chamamento até teu corpo vou viajar. Vou em meu barco de vela esguia em teu corpo naufragar. Em teus braços me entrego, já exausto do caminhar, em teus cabelos adormeço, num momento para sonhar. Mas meu corpo em teu não repousa, apenas a alma esvoaça, nossos corpos ligam-se em abraços, em carinhos e desejos velados, que saboreamos com a ponta das línguas. E embrenhado em tamanhos movimentos, calmos e serenos gemidos soltam-se das bocas ao se afastarem, como se fossem desejos que apenas querem em nós mergulhar. E meu corpo em teu guardo, como último e singelo regaço. Tomo-te, faço-te minha, como mulher faminta que me devora e que meus sentidos aguças, meu corpo desnudas fazendo-me homem, de meus lábios pequenos gritos solto, porque não contenho em

António Almas

mim o prazer que ao tua língua lamber, tu, mulher, me provocas.

Capítulo X

www.aalmas.eu

Amar só por amar

Estava aqui quieto, com palavras a saltar das mãos e sem saber o que lhes fazer, então decidi escrever. Soltei os dedos, deixei os divagar pelo teclado, e na minha frente bem perfilado, ia dando sentido ao que já havia escrito.

Não que haja algo por dizer, algum segredo por revelar, lembrei-me apenas de te falar.

Não, não tomei café, com ou sem canela, daquele que nos faz ficar de pé, de frente da janela, a ver a chuva cair e a pensar se havemos ou não de ir dormir. Simplesmente me apeteceu, deixar a mente brincar com todo este palavrear, sinceramente não sei porque aconteceu.

Espero não te estar a maçar, ou até a desiludir, porque em troca de uma carta sem qualquer fluir, poderias estar à espera de outra carta te enviar. Não o faço porque não sei, se haverá sentido no que escrevo, quando já deixamos que tanto enredo entre nós se metesse, mas de qualquer forma, não quis amarrar as letras e aqui estou a tentar brincar com as palavras, para dizer que de ti me lembrei, e ainda não sei que dizer.

António Almas

Talvez boa noite seja próprio, porque pedir-te um café não pode ser, então não iríamos adormecer.

Encosto teu corpo no meu, e deixo que meus dedos de seda percorram tuas roupas que desaperto, uma a uma, infiltro-me em ti com o ar da tua respiração se espalha pela minha pele. sentes-me, percorrendo detalhes do teu corpo como se pela primeira vez alguém ali estive estado, em campos virgens de flores por colher. Tu procuras a minha pele, desposando-me de todos os artifícios que a cobrem, com se fosse feito de água que ao tocares evaporas. Desço pelo teu ventre e meus dedos penetram-te com a volúpia do desejo, sentes-me entrar e derretes teu corpo em minha mão. Tua boca resvala pelo meu corpo abaixo, encontrando-me hirto, deixas-te ficar sentindo-me dentro de ti enquanto teus lábios me abraçam e me devoram.

Amar só por amar

Minha boca bebe da boca do teu corpo, os fluido húmidos que como néctar me ofereces. Deixo-te o fogo aceso e espero-te no lugar de sempre.

Deixei-te ficar em silêncios mergulhada, como se teu corpo se deitasse em praia deserta. Deixei tua boca calada, como se os lábios se selassem eternamente. Mas não sintas de mim o vento da tempestade, não percebas em mim o meu lamento, porque não há qualquer desalento, apenas um pequeno e leve tormento que em no mar se agita, que grita, mas faz-se de palavras despidas. Na noite da vida, espero sempre junto à tua cama, com meus dedos de luz, afagando teus cabelo negros.
Hoje deixaste-me ficar sozinho, como sempre estive neste mundo perdido, não quiseste olhar a minha lágrima que se precipita sobre teu ventre, deixaste-me ficar quieto em meu canto, como flor fechada em seu âmago.

António Almas

Não penses que os quereres são menos, que a doçura é agora agreste, são apenas penas que a realidade expressa em formas mais duras de olhar, sentir.
Quero tanto como tu estar em ti, possuir-te em mim como eterna primavera que desabrocha no meu peito, mas às vezes este vento sopra forte e leva para longe o meu beijo, ainda assim continuas meu desejo e acordas-me mesmo quando ao silêncio te votas.
Deixo-te estar em teu lugar, voltarei a todos os momentos do teu dia ao teu peito para me aninhar, e na noite velarei teu sono, como se fosse realidade, deixo-te o beijo na face, que te irá acordar. é a magia que de meus dedos se desprende e te cria, como nuvem esculpida de pura e singela magia.

Oferece-me pedaços de teu corpo, como gotas de orvalho que absorvo. Dá-me a recordação alada da tua boca que em suave beijo provo. Entrega-me o mel do teu corpo que em minha língua atrevida lhe tomo gosto. Deixa-me olhar-te, em pedaço

Amar só por amar

de pele suada, como se fosses ainda ninfa, loucura insana de minha libido que em troços te ligo, formando o todo que és.

Oferece-me o atrevimento que escondes, em lençóis negros de cetim, carmim de tua pele escondida, guardado teu centro, vulcão ardente que meu corpo perfura, adentro, e atrevo a perscrutar. Dá-me um pedaço de ti, como última saudade que ficaste em mim, como derradeiro desafio que não sacia nosso cio. Dá-me... Dá-me!

É no fogo do prazer que se sente e se entende a dimensão dos sentidos. Por vezes o corpo acorda-se, desperta-se com as palavras e enche-se de provocações, calores que nos entram no sangue e nos perseguem, chamando o outro corpo, alimentando luxúrias e prazeres que tentamos conter, até que não controlamos mais esse mesmo prazer. Deixamos, pura e simplesmente levar-nos nessa onda seguindo as mãos o curso desse rio ardente que nos queima a pele. A mente desenha os quadros e o corpo sente-os como se efectivamente fossem a

António Almas

realidade que imaginamos, agita-se o coração ao ritmo dos movimentos febris que o corpo reclama. Êxtase, loucura ou simples calmaria que apazigua o espírito que sobrevive às ausências dos corpos, preenchendo-se entre letras e magias, que inventamos todos os dias.

Aqui, onde o silêncio é maestro de uma sinfonia de paixões, o entardecer, revela a cor de teus lábios de mel, e o Sol, mais vermelho, faz brilhar teus olhos. Aqui onde me sento a teu lado, onde deito meu corpo em teu regaço, sou o descanso eterno em teus braços. Aqui onde me afagas a pele, onde sinto o deslizar de teus dedos, onde provo o mel de teus beijos.
Hoje, deixo-me ficar entregue a ti, deito meu corpo na tua cama, ao teu lado, e deixo que o tomes, cuides e acaricies, sou um anjo, suspenso pelas asas, caído, como aquele que ambos vimos na ilha das flores encantadas. Sou teu, como sempre terei sido mesmo antes de saber que era. Por isso aqui me tens, exausto das batalhas dos meus dias, de asas caídas e

Amar só por amar

cabeça pendida, segura-me em ti, sustenta-me a alma com as tuas próprias mãos, dá-me vida.

Olho-te, porque sei de cor o teu rosto, tenho nas mãos os teus traços, teu corpo, teu contorno. Sei o teu olhar e deixo-me estar, para me cuidares, tens-me no gosto do beijo que levaste contigo, na carícia de teu ventre que ficou comigo, no abraço forte, apertado que nos demos, no beijo longo, molhado, que nos oferecemos.

Vai ter comigo, estou no teu refúgio, à tua espera, caído sobre a cama para que me ames.

Fico aqui, estendido a teu lado, esperando teu cuidado, mas velando também teu sono, sou um campo de luz, força invisível que te contempla, presença vazia que te espera, como momento inerte que se suspende no espaço de um beijo.

Fico aqui, neste espaço inventado, pintado de tons laranjas e amarelos fortes, como se fosse o interior de um pequeno sol, casa adornada de mil tons, flores que se espalham pelo vazio

António Almas

duma uma alma ocupada de sentidos. Absorvo o gosto do teu corpo, mescla de sal, canela e jasmim que em minha língua guardo, como beijo constante e iluminado que em teu pescoço guardo.

Depois, vem o silêncio, calmaria que numa tarde qualquer fico a desfrutar, sentado a teu lado no alpendre onde deixamos desfilar um pôr-de-sol, como êxtase da pura e simples paixão, amor que se entrega nas pequenas coisas da vida, nos prazeres mais delicados e singelos que podemos ter, como fazer de letras os sentidos e abraçar-se a páginas e páginas de escritos.

Fico a aqui sentado, olhando as palavras como se fossem olhares furtivos que do meio do teu quotidiano me lanças, recebo e acolho com aquele abraço apertado que me permite sentir todo o teu corpo em mim.

Deixo aqui as letras, feitas de frases, abraçadas em textos que se envolvem em corpos perdidos no espaço, entre tempos e

Amar só por amar

eras, por mundos diversos. Deixo aqui a minha alma, que em brandos mares se acalma, como se flutuasse no éter dos desejos que invento. Deixo aqui meus dedos, feitos da luz das estrelas, como pedaços de cosmos, planetas, que entrego a quem neles se entrançar. Entrego minhas mãos como se tuas mãos fossem, envoltas em brilhos de estrelas que se derramam nos silêncios que sabemos. Meus braços estendo, como se asas fossem, abraçando o universo, ou simplesmente esperando o vento que há-de soprar, meu corpo elevar em direcção ao infinito.

Por mais lugares onde meu corpo vá, eu fico sempre aqui, agarrado em ti, como se fosse tua própria alma, teu sentido, despido de preceitos, lugar de encontro sem encontro marcado, espaço ténue entre um momento e o próximo, que por vezes parece desvanecer-se mas que se mantém aceso como lume brando em fogueira. Nesta noite que te invento, alimento-te com minhas letras, como se fossem gotas de água que regam a flor de teu corpo. Não, hoje não te empurro para ninguém, não te partilho, espartilho, ou pressiono, apenas te rego, com água de letras, para que despertes viçosa no teu canteiro. Não te colho, mataria tua beleza, não te toco, poderia quebrar tuas pétalas, apenas te olho, na distância de um reflexo de luz que o Sol em ti depositou.

No silêncio deste longo caminho que me espera, atravesso as noites, madrugadas e alvoradas, para sobre o oceano imenso chegar à ilha dos segredos, lugar onde floresces como única e singela flor no meio desse sítio completamente verde. Vejo-te na distância do meu voo, como pássaro que migra entre continentes, como anjo que vagueia entre o céu e a terra, e te visita, num sopro de vento sobre tuas pétalas, afago em teu cabelo negro que como a noite que me espera nesse perfume inconfundível de ti própria.

Saber a tua boca, em cada detalhe e recanto, perscrutar a tua língua em procura de silêncios, provar a tua saliva como se fosse o mel dos deuses, é devorar um pedaço de ti que jamais será teu, será sempre nosso porque o partilhaste.

Amar só por amar

Sentir cada milímetro da tua pele, como se fosse a areia fina duma praia qualquer, como se fosse essência de teu corpo que suavemente se dissolve em meus dedos, em meu corpo quando te toma, é saber-te em mim com a plena convicção que já foste minha, mesmo antes de o seres.

Perceber o teu olhar, adivinhar-te o próximo gesto, interpretar-te os sinais, é como ler um livro que não tem letras, que se move e se sente como se fosse feito de moléculas especiais, organizadas num microcosmos, que balançam em meus braços como se um rio me corresse por entre mãos.

Nesse momento em que dois mundos se tocam, numa tangente que não atingiu a fusão, deixam de si pedaços incrustados no outro, numa colisão de proporções inigualáveis que os deixam atordoados.

A beleza reside no detalhe do quase ter sido aquilo que não chegou a ser. A força de estar a um milímetro e não conseguir ir mais além, como uma promessa que fica por cumprir, um instante que fica por acontecer e que se espera, criando, imaginando momentos que deveriam ter sido.

Hoje a frase "Sabes-me bem" tem mais sentidos, transporta na sua essência a própria essência do gosto, do sabor dos corpo, das salivas, é mais carnal, própria daquilo que quer dizer, não só numa forma metafórica, mas na própria forma de saber, bem.

Amanhã vou almoçar, só, viajar de regresso a casa calmamente, lamentando que não tenhas vindo, mas saboreando o que já me deste, como definitivo refrão duma velha canção...

E nesta dança de dias atrás de dias vou caminhando em direcção ao horizonte, numa forma quase constante, em que apenas estas letras que me escreves alimentam a paixão, e matam o desejo que cresce por te não ter.

O Sol levanta-se quente no horizonte, ainda não eram seis da manhã e já vagueava pela casa, por entre os buracos das

Amar só por amar

persianas entravam os primeiros raios de luz. Recordo em detalhe as palavras que disseste "Acendes-me o corpo todo" disseste-lo tão baixinho...

Ainda recordo os abraços apertados, em que sentia o relevo do teu corpo encaixar-se perfeitamente no meu, detalhes da tua pele suave, que percorri com meus dedos, cintura de estrelas em caminho de flores plantadas em teu redor. Sei da tua alma o olhar que em mim deixaste guardado, e o fogo que ainda guardo do teu corpo, recordação de respiração ofegante e gemidos suaves que ao avançar sobre ti me entregavas em gestos doces e delicado. Beijos de teus lábio húmidos em meu pescoço, que me arrepiavam o corpo e me deixavam em êxtase por te possuir, ali. Mas saboreei o momento, e esperei deixar em ti a saudade suficiente para voltares ao meu regaço e de uma só vez me entregares em teu abraço, um oceano de prazer em que mergulharia, onde deixaria meu corpo derramar prazer e desaguar em ti.

António Almas

Há muito entre a magia que temos por descobrir. há lugares que não sabemos encontrar, chegar-lhes é quase impossível, mas... Há sempre uma passagem, estreita e escura, um lugar húmido e tenebroso por onde temos de seguir, pensando que vamos chegar ao fim do mundo, mas, estamos apenas partindo do mundo em direcção ao infinito.

Há nesse lugar uma luz, difícil de olhar porque intensa, difícil de entender por não ser estrela. Há nesse lugar, uma brisa, difícil de perceber por não ser vento, mas gostosa de sentir por nos tocar a pele.

Há nesse lugar um céu, difícil de captar por não ser azul, fácil de tocar por estar logo ali ao alcance da nossa mão.

Neste lugar há um rio que corre sem que venha de nenhuma nascente, sem que vá para foz alguma, apenas corre por que é seu destino seguir em frente.

Este lugar é mágico, de encantar, daqueles com que sonhas quando te venho despertar, daqueles que vês em meus olhos fechados num longo beijo, este lugar está dentro da tua alma, e eu sou o seu guardião, aquele que sempre espera, com os

Amar só por amar

pés mergulhados no lago, sentado sobre uma rocha cinzenta em profundo pensamento.

Perguntar-te-ás o que o faz girar, de onde vem essa energia que lhe permite manter-se sempre mágico, sempre tão surpreendente, é aquele homem, de pés na água e cabeça inclinada sobre a mão direita, que de olhos fechados, sonha, e faz nascer em ti um novo dia, como o despertar duma pétala na flor que a cada jornada te entrega.

Deixo-te este quadro, pintado com as cores de um beijo, de carne, não soprado ao vento.

Quereria eu poder ter-te em meus braços, para em ti depositar mais dessa luz que te iluminou, desse brilho que fez outros olharem-te com outros olhos, quem sabe esta intervenção divina faça com que o negro deixe de se vestir e nesta Primavera se vejam as cores alegres que as margaridas exibem em vários tons, e que se condensam no branco das mais simples. Serei eu o teu anjo-da-guarda, que te vela os

António Almas

sonos e desceu para se fazer homem e te beijar antes mesmo de voltar aos céus para te seguir no brilho desse semblante encantado que agora exibes?!
Hoje sinto-te aqui comigo, sentada no meu colo, como menina, feita mulher que em meus braços se aconchega, deixando que perceba o vulcão que dentro do teu peito está prestes a explodir. Sinto no meu corpo as águas do teu oceano chamar por mim, e eu, qual veleiro, irrompo em ti, deixando que o meu rio se faça ao teu mar, e juntos se fundam num só oceano.
Paixão e amor, sentidos e loucura, luxúria e prazer, são sabores que guardo no peito e carrego comigo numa energia extra que também tu me deste num beijo longo. Percebi a contenção do teu beijo soprado, por isso repeti o gesto para perceber que a contenção era propositada.
E fico aqui, pressentindo o teu corpo despido, colado no meu, procurando a forma perfeita de um encaixe já predisposto.

Amar só por amar

Sei o gosto da pele, como retrato último do teu abraço. Sei o sentido do vento em teus cabelos negros, como se fosse minha boca que o soprasse. Sei onde me levas, quando tuas mãos seguram as minhas, como se fossem ensinar-me um caminho através do teu corpo despido. Conheço os trilho que percorro, em redor da tua cintura, caminhos marcados a luz pelos meus dedos. Sei onde estás, mesmo quando em mim não estás, porque tenho em meus lábios as palavras, os segredos os sinais, que tu me dás.

Sei da tua alma, como se possuísse o seu mapa, destino encontrado, selado, entre os braços de um beijo. Na noite escura, descubro as estrelas que como pontos cardeais, deixei espalhadas em teu sorriso, lábios de cetim que sempre me sabem ao doce mel de ti. Sei que o tempo não limita o espaço e que o amor não se prende ao lugar onde estamos, mas à dimensão imensa daquilo que podemos ser.

Possuo-te, sem nunca te haver tomado, como se fosses pedra preciosa que em meu colo se aninha, lugar onde te entrego o prazer que sinto, por te haver tido, eterna e suave ternura que

António Almas

se agita num fogo constante que se espalha sobre todo o teu corpo. Fico quieto, neste silêncio perdido no tempo, como se fosse soçobrar numa praia qualquer, naufrago de mim mesmo, barco teu que em meu oceano navego.
Por mais voos que tomes, nenhum abraço será igual às minhas próprias asas que te cobrem, descobrem em detalhes nunca sonhados, serei sempre memória de um sonho concretizado, paixão ardente que em teu peito arderá como chama eterna que trará luz à tua noite, onde quer que vás.
Com um beijo em teus lábio te deixo esta carta, que fala dos sentidos, das ternuras dos afectos, amor perdido que em teus braços deixei escondido, e aí o encontrarás.

Não parte quem quer ficar, não se despede quem nunca vai embora. Silêncios são momentos de reflexão, sim, podem ser, mas serão também momentos em que se saboreia aquilo que na urgência de um tempo que outros inventaram, não tivemos

Amar só por amar

a possibilidade de olhar para os detalhes, os pormenores que naquele fugaz instante até parece não termos reparado.

Não ficou só o poeta, que sem rima escreve, descreve e inventa, ficou o homem que sem teu corpo ficou calado, a beber, tranquilamente um refresco, saboreando cada momento que viveu, sabendo, percebendo aquilo que te acordou, aquilo que em si próprio mudou. A realização de um sonho, apenas torna mais evidente a saudade de o não sonharmos por mais tempo, pode também agudizar a falta do toque que nem sempre temos, mas nunca fará afastar os sonhadores, continuarão a sonhar, e a desejar mais daquilo que já tiveram. O silêncio nem sempre representa a ausência, a partida, ou o desistir de algo, por vezes pode ser forçado pelas circunstâncias que deste lado, desse lado, chamam por nós, até pelo receio de se achar que o outro não foi tão além quanto nós, e por incrível que pareça, até por não querer dar parte de fraco, porque um "até logo", ou "um depois combinamos" parece ser politicamente correcto, quando o amor não tem nada de político, e muito menos de correcto.

António Almas

Não sofro, não sorrio menos, e não me dói ao ponto de partir, saboreio apenas o momento que foi, olho cada detalhe que se aviva agora mais que antes, recordo as tuas unhas a cravarem-se nas palmas das minhas mãos, num momento de maior tensão. Reparo nos contornos da tua silhueta que com meus dedos percorri, saboreio a tua língua em minha boca, teus cabelos por entre meus dedos, até o vulto do teu corpo no meu abraço. Guardei o teu sorriso, e a ponta do teu dedo que coloquei com suavidade em minha boca.

Não medi gestos, ou palavras, foi assim que eternizei o momento, e nada mais será como antes, não em mim, mas definitivamente não em ti também. Este nosso momento será eternamente O MOMENTO, pode até que a vida nos deixe neste prelúdio, mas não nos deixará seguramente fora deste momento, porque o vivemos e foi nosso. É nosso, então não se perdeu, ETERNIZOU-SE, materializou-se mutando de sonho a perfeita realidade.

Amar só por amar

Deixo-te o brilho do Sol, calor que tua pele acaricia, deixo-te o toque de meus dedos de vento em teus cabelos, como brisa quente de fim de tarde. Deixo-te as minhas palavras, letras voláteis que transportam os meus sentires, como se fossem pombos que meu correio transportam. Deixo-te a alma, para que dela cuides, como último pedaço de mim. Deixo-te os poemas que não escrevi, as cartas que não te enviei, e os beijos que te não dei, como testamento da minha história feita da ausência do teu corpo que não me pertence.

Não te entrego o silêncio, porque todos os sons, são nossos, todas as vozes nos pertencem e todas as músicas foram escritas para reflectir os brilhos da tua alma. Neste lugar, entre a realidade e a fantasia, espaço de outra dimensão onde cada letra é um tijolo e todas as que já te escrevi formam uma casa imensa, decorada ao gosto dos teus sonhos. Neste lugar meu amor, repousa um homem que te ama, que espera por ti todos os dias e se revê no brilho dos teus olhos, que nunca teve oportunidade de olhar fixamente.

António Almas

Fico, fico aqui, onde sempre me soubeste, como árvore que se agarra ao chão e aguenta a tempestade, esperando que um dia teu corpo por mim passe, me abrace, para depois poder perder as folhas e morrer, sabendo que em mim haverá um pedaço de ti, para sempre.
Serei semente, que em ti germina, em teu ventre, no calor ardente de um Verão por chegar, consumindo todos os teus desejos, fantasias e loucuras. Serei teu passado, igualmente presente no futuro que à esquina recostado te espera, serei tanta coisa em ti, que te sentirás plena, e jamais terás um momento de solidão.

É sempre o sonho que comanda a vida, e por mais diversa que ela seja daquilo que sonhamos, haverá sempre um reflexo dos sonhos na própria vida, nem que seja na forma como encaramos o quotidiano.
As minhas preocupações não são efectivamente preocupações, sequer questões, sei perceber a mulher, a

Amar só por amar

alma, sei entender que há todo um mundo onde eu apenas existo em palavras e pensamentos, não sou presença real, também sei que terei um dia oportunidade de tocar por momentos nessa realidade, não meço e não estruturo nada, limito-me a deixar fluir, a sentir e a absorver o que me entregas, sem questionar, sem querer saber mais que aquilo que consigo sonhar. A fragilidade do homem apenas é reconhecida porque quem, como tu lhe consegue enxergar a alma, a beleza de um ser humano, não se limita aquilo que os olhos podem ver, que os dedos podem tocar, extravasa a realidade e acaba sempre por se perder no brilho da alma que esse ser encerra, esconde e protege no mais ínfimo detalhe de si.

Confesso que os silêncio me deixam nostálgico, mas tento entende-los na medida em que a vida é cheia de ausências, e temos de saber conviver com elas, embora no mundo dos sonhos o silêncio seja apenas aquele instante em que nos calamos para escutar a música, o chilrear dos pássaros ou a água que corre veloz até ao rebordo duma cascata. Eu próprio

António Almas

te deixo em silêncio, e também tu te afliges com ele, sinto-o, pressinto-o, e também eu tal como tu, corro para tentar tranquilizar-te dizendo-te às vezes tão somente, estou aqui...
São os sentidos da ausência, da saudade a fazerem-se sentir. A vida puxa-nos para fora do sonho, mas teimamos em ficar lá sempre, uns momentos a cada dia que passa.
É bom saber-me presença constante em ti.

Se meus dedos são como brisas quentes de verão, que percorrem teus cabelos, como o perfume das camélias, se meu corpo é como lago, onde teu corpo entregas num mergulho profundo que se adentra na minha alma. Se meus braços são veredas onde teu cavalo soltas em rápidas corridas, então, eu serei um mundo inteiro onde caminhas, onde descobres cada lugar, cada clareira, cada floresta, cada montanha e cada deserto.
Se meu peito é uma casa, outrora vazia e árida, tu a decoras, preenches de cores e móveis, de recantos e luzes, de aromas e

Amar só por amar

cheiros. Eu, apenas paredes, aberturas e reentrâncias, onde te atreves a compor as músicas esquecidas, a cantar as letras adormecidas, a ser muito mais que pensaste um dia ser. E eu, apenas abrigo, lugar quieto escondido onde vens adormecer. Colchão, macio, coberta quente que sobre teu corpo imaginado desliza, afaga e acaricia.

Depois, depois, há a luz, que em teus olhos brilha, a doçura do perfume que tua boca me entrega em beijo de língua que me aquecem a alma, fazendo-me desejar a realidade de os ter, de o ser, de perceber como será tocar, entender e ver, com olhos humanos aquilo que apenas a alma consegue ver. Depois, depois há a saudade daquilo que não se teve, daquilo que não se provou, mas que em delírio desejamos possuir.

E nesta brisa de palavras somos fogo e água, mar e terra, casa à beira mar plantada, onde nos sentamos para ver o pôr-do-sol neste fim de tarde.

António Almas

A noite já cobre meu corpo, como manto pontilhado de luz. Lá fora as estrelas marcam os caminhos das minhas letras que os seguem, em diversas direcções. A magia deste instante em que o silêncio se apodera do espaço e a Terra começa a dormir, é o êxtase que meu corpo procura ao adormecer em ti. Retiro deste armário secreto as minhas asas e com elas faço-me pássaro voando para lá do horizonte, em direcção ao sol poente, como que procurando o caminho para me adentrar em teus limites.

Sou ave sem destino, alegria contida que a distancia adorna, como flor trabalhada que em teu peito pende. Sou sentido que tua libido desperta, acarinha e agita como se fossem teus cabelos ao vento que soprasse com minha própria boca.

Esta noite, serei teu guardião, aquele que a teu lado espera, vela pela segurança da tua alma. Serei teu amigo, que em sonhos te escuta com a atenção que precisas, ajudando-te a caminhar em direcção aos teus sonhos. Serei teu amante, que sacia todas tuas fantasias, te oferece na ponta dos dedos o

Amar só por amar

prazer, como se fosse néctar que vais beber, em doces goles de hidromel.

Danças com meu corpo, e entregas-me a tua alma para que comigo a leve nesta viagem, nadas no mar dos meus olhos, e bebes da fonte de minha boca, como se a sede fosse uma necessidade tão premente como o próprio amor.

Será esta paixão efémera? Será um fogo que ao consumir toda a lenha, deixe de arder?

Em nossa casa, recebo-te, para que comigo estendas as cortinas das janelas, escolhas o sofá da sala, e possas decorar com o brilho do teu olhar o escritório onde juntos escreveremos as páginas desta história, livro que dia-a-dia construimos, como se estivéssemos sentados lado-a-lado, a par um do outro.

Não sei se sentirás como é teu este espaço nosso, não sei sequer se virás, se ficarás, mas ainda assim chamo-te, digo o teu nome ao vento norte, e desenho no céu a tua face, para que todos entendam a dimensão daquilo que operas em mim.

António Almas

Agora deixo-te apenas dormir, como anjo cansado em cama de cetim., fico a olhar-te, sentado na cadeira do teu quarto, percebendo-te ali, adormecida, numa parte dessa cama que partilhas.

Criar um espaço, tijolo a tijolo, na intimidade de um lugar fechado, escondido dos olhares da gentes, algo acolhedor e cómodo, não demasiado grande, apenas com lugar para os sonhos. A norte uma janela grande que deixasse entrar a luz do dia, a sul apenas um rasgo que permitisse entrar a luz do sol, iluminando uma pequena cúpula que nos permitiria à noite abrir e ver as estrelas. Com o céu sobre as cabeças deixaríamos o espaço iluminado com velas perfumadas, incensos que libertavam no ar um gosto de canela e rosas. Seria um espaço simples, não muito cheio de coisas, algo aberto, onde apenas estivessem duas pessoas, no centro apenas um colchão redondo sobre o chão. De dia as cores das paredes animavam o espaço de alegria, à noite as sombras das

Amar só por amar

velas deixariam no ar o mistério do lugar, que se transfigurava em algo mágico.

Da janela a norte ver-se-ia a neve nas montanhas. A chuva cairia sempre que quiséssemos ouvi-la, deitados sobre a cama, ouvindo os beirais a estalarem contra o chão cascatas de água. Depois faria sol, e deixarias a tua pele dourar, enquanto eu a massajaria suavemente, hidratando cada milímetro deixando-te desperta.

Sabes meu amor, às vezes a distância sufoca-nos, e deixa-nos tristes por não possuirmos o que desejamos, comigo também acontece, e por vezes não é fácil de superar, mas podes sempre vir a mim, chegar-te próximo para que possa ao alcance de meus braços apertar o teu corpo contra o meu. Estava a descrever-te um espaço, só nosso, que criámos em conjunto com imagens e sonhos, mas de repente vieste triste até mim e quero dar-te os meu braços como berço para sustentar o teu corpo no meu. beijar a tua boca será idilicamente perfeito.

António Almas

Tomo-te em mim, como néctar de deuses que degusto em meu palato.

Podia ser raio de Sol, para tua pele acariciar, podia ser gota de chuva para nela escorregar, como carícia incompleta, como desejos contido que meu corpo desperta. Não são apenas sonhos o que se acorda, não são apenas desejos que se sentem, acima de tudo são outras realidades que se constroem, lugares, sítios secretos onde podemos ser quem queremos. Sabes, nem sempre a vida nos deixa ser, fazer, preencher como desejamos. Nem sempre podemos soltar as asas como pretenderíamos. No entanto, somos seres com capacidades múltiplas, temos a habilidade de sonhar, e concretizar pedaços de sonhos, se assim quisermos.

Contigo construo uma casa, de paredes singelas e imaginadas, com solidas fundações que lhe conferem um ar simultaneamente delicado e resistente. É preciso saber cuidar deste lugar, onde aos poucos construímos os sonhos, desta

Amar só por amar

casa, que visitamos e vamos preenchendo, como um mundo, móvel após móvel, como se estivéssemos a prepará-la para a habitar. O sonho, não se pode dissociar da realidade, porque vivemos dia após dia na vontade de realizar o que sonhamos, e, o próprio sonho nos faz realizar, de uma forma diversa o que ambicionamos, não é apenas um sonho, é uma realidade diversa que se compõe de partes, sonhos e realidades que aos poucos somos capazes de superar, ir mais alem e concretizar.

O sonho é uma construção feita com a essência das flores do paraíso. É extracto de cores do arco-íris que nos conduz ao nosso mundo. O sonho é a vida depois de todas as vidas, reais, que nos conduzem a um instante de lucidez, onde conseguimos ver o lugar de onde viemos, para onde vamos, e pelo qual mantemos viva a esperança de lá para sempre ficar. O sonho, é constante em nossa vida, e vivemos-o como dádiva divina dos céus, que em tons de rosa anunciam a alvorada de um novo e mágico dia na terra da imaginação.

António Almas

Nesse pedaço de terra nunca encontrado, que fica para lá da estrela mais brilhante do firmamento convido-te todas as noites a voar comigo, neste pó mágico que as estrelas nos oferecem, para este lugar perdido no horizonte longínquo da nossa memória.

Em meus dedos sustento te corpo, de traços curvos e delicados, como flor que desabrocha nesta manhã de primavera, no silêncio desse espaço, lugar sagrado onde nos entregamos a amar-nos, sinto cada toque de teus dedos, como caricia fresca nesta manhã, como orvalho, húmido e doce, sempre que teu corpo me percorre. Resisto à tentação de beber em teu cálice, sagrado feminino, centro sensitivo de teu equilíbrio, mas perco-me em desenhos sobre a pele, como se escrevesse um língua antiga, sentido o perfume da essência canela, que tua pele exala. Perco meus dedos na floresta de teus cabelos, meus lábios abrem-se para em lânguido beijo acolher os teus, e meus olhos fecham-se para apurar os outros sentidos, que ao som dum bolero, absorvem todos os teus movimentos.

Amar só por amar

Perdemos a noção do espaço e conseguimos libertar os corpos, deixando ficar a essência que nos anima, alma pura e incontida que se expande em todas as direcções. Na plenitude do amor, o prazer não se cinge aos corpos que espalhados pelo chão, se consomem em actos de prazer e luxúria, na plenitude deste amor, as almas captam cada essência, cada fragrância, cada átomo de nós, disperso na atmosfera por este incenso que arde, espalhando névoa sobre a envolvência, e neste ritual fantástico, somos muito mais que seres humanos, aspiramos a pequenos deuses que se amam, que se fundem, num instante de pura e simples magia, num momento em que seguramos este tempo e fazemos do sonho a realidade que ambicionamos.

Quebra-se o ar, o ritmo frenético, suspende-se, calam-se as almas e a música apaga o incenso, fez-se completo silêncio, como se quiséssemos capturar o momento em que o clímax se aproxima da apoteose do êxtase... ...Depois uma explosão de luz em nossos olhos cerrados, expiramos, soltamos o último suspiro, gemido intenso, e o mundo volta a girar, e nós

António Almas

deixamo-nos simplesmente ficar. Corpos orvalhados, parados no mesmo lugar.

A tua pele canela vai escurecer nessa praia onde o mar te vai abraçar, contornar teu corpo como se fossem minhas mãos, que cercariam tuas pernas, percorreriam tuas ancas, acariciariam teu ventre, beijariam teus seios, se enrolariam como lábios em teu pescoço para por último beijar tua boca e afagar tuas pálpebras fechadas.

Acordo ao Sol desta manhã, espírito aberto, calma serena que invade meu corpo, minha alma. Deixo os sentidos abstraírem-se e relaxo, entrego a mente à tranquilidade destes primeiros momentos. Percebo ainda em minha boca o gosto dos teus lábios, entendo ainda na minha pele a brisa perfumada da tua. Nos dedos recordo ainda os instantes em que como passos caminhei por toda a tua planura, vales e montes onde perco o tempo e encontro o prazer recostado em cada detalhe de ti.

Amar só por amar

E como pétala duma flor que desconheço, recebes em ti o orvalho fresco desta manhã de Primavera. Na distância invento-te, crio cada detalhe que minha imaginação consegue produzir, pego nas cores e salpico a tela branca em que teu corpo se transformou. És borboleta, princesa encantada, ou simples nenúfar que à tona do lago desabrocha. És um mundo por criar, algo não inventado ainda, não tocado, não bebido. Néctar divino onde mergulho como se a sede me matasse e precisasse saciar-me.

Escrevo, letras e letras sem destino, neste desatino em que me deixas, percebendo a dimensão de tudo aquilo que criaste, despertaste e cultivas no meu peito. Deixo-te ficar no teu canto, com medo que a delicadeza do teu cristal se quebre ao toque de meus dedos. Fico aqui em silêncio, afagando teus longos cabelos negros, degustando tua pele de sabor canela, nesta criação de ti que tenho em minha mente.

António Almas

No reduto do meu corpo, aconchegada no berço dos meus braços, deslizo a ponta dos meus dedos, amada, amante. Hei-de ler tua pele, como livro aberto, como manuscrito que me entregas em doces delírios. Hei-de ter-te como a folha desse papel que não enviei, para uma morada qualquer, com a vontade que sinto de me dar, de te dar. Reforças e cuidas da minha alma, como divindade que me sustenta. E meu pulso oscila, sobre teu corpo, e meus dedos são canetas que te percorrem, tatuando em cada inflexão de ti, um pedaço de mim. E deixas-te ficar, ali deitada, como caderno sobre a mesa, de folhas brancas imaculadas, para que te escreva, te folheie e te sinta. Absorves minha tinta, como a folha sedenta, sentes o perfume do que em ti entrego, e escrevo, escrevo-te a alma com a essência, sem mácula, neste instante em que teu amante, me entrego.

Meu corpo inteiro te deixo, levando comigo tua alma, elevo-a, sublimo-a, juntos tocamos a ponta da eternidade e num momento de quase saudade, descemos à Terra. Os corpos catalisam os desejos e as almas purificam as essências,

Amar só por amar

fragrâncias de um mesmo ser que se repartem em milhares de átomos dispersos neste momento.

Nesta cadência faço o amor, teu corpo sente o meu e tua alma sente a minha e o prazer rejubila, fica o silêncio, depois desta tensão, perdidos entre os braços, os corpos entregam as forças e das bocas saem apenas suspiros, teu corpo tatuado, mescla-se agora com meu livro, e deixamo-nos ficar, recolhendo cada pedaço que sobrou dos sentidos dispersos pelo espaço.

O passado é algo que está detrás de nós, quantos mais anos passam, mais histórias acumulamos, mais arquivos carregamos. Eu, tu, qualquer pessoa tem às costas variadíssimas situações, mais ou menos boas, mais ou menos importantes, mas todas elas nos trouxeram aqui, a este sítio, eventualmente não estaríamos aqui se tudo aquilo que aconteceu não houvesse acontecido. Eu sou uma história feita de muitas emoções, sensações e situações. Disse-te uma vez que não fui homem de muitas mulheres, mas algumas

António Almas

cruzaram a minha vida, nem todas me tocaram, nem todas foram tocadas, mas todas elas fizeram de mim aquilo que sou. Não nego que há coisas no teu passado que também mexem comigo, tento abstrair-me disso, e acredita que percebo na tua voz reflexos de muitas delas. Poderás ter conhecido muitos homens, alguns que tenhas tocado outros que apenas tivesses passado transversalmente em suas vidas, mas eu nunca seria mais um desses homens, ou pelo menos gostaria que, quando um dia partisses em direcção a outros mundos, sensações ou emoções, percebesses o quão diferente fui em tua vida, não porque me considere melhor que ninguém, apenas porque acho que sou diferente, quer na forma como me relaciono contigo, quer na dimensão das sensações e emoções que desperto em ti, por isso gostaria que no canto mais pequeno da tua alma, possas sempre guardar-me como uma emoção, como uma pequena centelha que um dia viste cruzar no céu escuro da noite. É assim que gostaria que te recordasses de mim.

Amar só por amar

Olhar este homem que se te apresenta, lendo-lhe as histórias do passado, é provavelmente vê-lo tão só como um contador de estórias, um trovador, ou até como um ilusionista, que cria e gera imagens na mente dos outros. Perceber que é, saber porque é, e como é, pode até descobrir-se nos textos, mas, descobrir-se-á mais facilmente ao olhá-lo nos olhos, ao sentir a sua letra trémula nos manuscritos que te escreve, ao ouvir a sua voz, ou, ao tocar sua mãos frias.

Considerar-se apenas mais uma, equiparar-se a outras tantas pessoas que leram e tomaram posse do que estava escrito, é reduzir-se, encolher-se a pequenas frases, letras singelas que de caracteres não passam. És mais que isso quando te escrevo, quando te mando tudo aquilo que embrulho nas palavras, plenas de sentidos. Não há porquês que expliquem, muito menos justificações, apenas se é, quando se é, como se é. E tu És.

António Almas

Há em ti um momento de pausa, um espaço para que o tempo fique quieto. Há no teu âmago o som duma flauta, lugar onde a musica se estende até ao firmamento. Há em ti a calma, lugar tranquilo onde adormeço, em ti há a palavra, como única estrofe dum poema. É silêncio profundo, como palavra muda que escuto. És abraço contido, entre tantos versos escritos. Paixão, amor não vivido, procurado, escondido.

Escuto em teu peito uma valsa, ao ritmo do teu coração, movimento, rítmico que me embala numa dança compassada em que me fazes adormecer. Sinto o gosto da tua pele, percorrida vezes sem fim pela minha língua, arrepio, calafrio ou simplesmente magia. És flor já desperta, espaço aberto, clareira em plena floresta.

Sabes, às vezes sinto-te o corpo, deslizar em meus dedos, como flor que suspendo, seguro em minhas mãos. Será a saudade de te não ter, ou tão somente, vontade de me perder, em ti.

Acordo, e deixo-te ficar, envolta nesse lugar onde sou tudo aquilo que sonhas, magia e força de letras, prosas e

Amar só por amar

fragrâncias que te alimentam a alma e rejuvenescem o espírito. Encosto a porta devagarinho, não vou despertar-te, saio de mansinho. Não resisto a olhar-te mais uma vez, abraçada em almofada de sonhos, recordando lugares que só para ti criei.

Apetece-me adormecer, encostado em teu abraço, como se fosses mar, onde me vou deitando. Espero sentir o teu afago, em meu cabelo despenteado, a ternura dos teus dedos que em minha pele se estendem, como pedaços de saudade que em mim se envolvem.

E mais um dia, mais uma noite e outros tempos, lugares onde te encontro, onde me fundo, perco-te e encontro-te, acho-te em qualquer recanto, como se estivesses dispersa em mim, intensamente presente.

Nas tuas letras encontro o sumo de tua essência, que em suaves golos sorvo, como néctar divino e perfumado, que em minha alma opéra, transforma e vela, como se quisesses

António Almas

manter-me acordado. Mas a noite quebra, meu espírito insano, e mesmo sendo de dia, meus olhos teimam e não ficar acordados, espero outro sopro desse teu expirar quente, que abra por completo a minha mente, como livro que cresce, palavras fermentes, para que solte suspiros, gritos e risadas desta alegria tão compassada de te saber de regresso.

Fico aqui, no silêncio deste espaço, quieto, enroscado sobre meu ventre, não é dia, não é noite, uma penumbra que me veste. Sou sentido, adjectivo e verbo, sou palavra calada no silêncio destes lábio fechados. Sou letra que se escreve, momento em que voo em meus próprios textos. Abraço de saudade que em meu corpo despido deixo.
Adormeço, acordo e volto a dormir, na insónia que o tempo me faz sentir.
Neste quarto de paredes brancas, fazem-se sentir os lilases que me acompanham, como sangue de cor estranha que meu corpo inerte preenche. No silêncio desta longa madrugada,

Amar só por amar

recolho as gotas deste orvalho que em minha alma se acanha. Guardo para mim este trémulo suspiro de amor que em doce boca se entrega.

Escuto a música das estrelas que lhe invento, e deixo que os quadros de negros se preencham, como se a noite fosse tão só escuridão e não aquela Lua imensa que quebra a solidão.

Sou silêncio e calma, lugar onde se entregam almas, mar profundo ou oceano, onde meu corpo se afoga, onde minha dor soçobra. Assim navego, neste mar que se agita, com velas desfraldadas, em completa deriva. Não é a dor que me alimenta, apenas o próprio vazio da existência, e que o mundo se preencha de formas, imagens, vivências que me complementem toda e qualquer ausência. Que a luz se faça dos dias e ganhe em toda sua plenitude, beleza, harmonia. Escuto lá fora vozes de gente, escuto os pássaros e todo o corrupio desta corrente que me desperta e me leva, como rio selvagem até ao frenético desaguar, multidão que de braços agitados me acolhe, me absorve e me dilui em si, sou apenas e só mais um de entre muitos.

António Almas

...Na loucura desse instante, em que os olhos se cerram para abrir os sentidos a uma nova forma de saborear cada pedaço daquilo que somos, deixo meus dedos percorrer-te num espasmo de luxuria, sabendo-te colada em meu corpo, sabendo que a tua alma se funde, no turbilhão deste sentimento com a minha, como letras que se derretem em rios de chocolate quente sobre a pele macia de teu colo. Minha língua ávida de sabores percorre-te, recolhendo cada pedaço do teu aroma, esconde-se entre montes e vales como que tentando explorar cada milímetro desse terreno que é teu corpo... Tua boca cala os gemidos que a pele clama por gritar, e envoltos nesta magia, deixamos as almas abandonar os corpos no leito, para se alçarem em voos pelo universo cheio de luzes, cores e tons mágicos que nos permitem visitar as galáxias e os planetas que sabemos nossos porque os criamos entre as palmas das mãos. Mãos, que nos guiam neste espaço perdido de tempo em que fazemos o amor acontecer.

Depois, faz-se silêncio, e do brilho intenso de nossos olhos fechados pela intensidade, nasce uma nova ordem que se

Amar só por amar

projecta para lá da pele, numa explosão silenciosa de sabores, sentidos e prazeres que não nos permitem descrever por palavras pois não seriam fieis ao que se sente, não poderiam justificar o momento. Calo-me, beijando teus lábios, e fico...

Bem então fico quieto, apenas a olhar-te, por aí deambulando entra a sala e a cozinha, ou entre o quarto e as restantes divisórias da casa, deixo-me ficar quieto, sentado num canto apenas observando, sentindo os perfumes que se soltam do teu corpo de mulher, da tua alma de criança, traquina também. Percebo o coração agitado em teu peito e entendo cada detalhe das tuas expressões como se conversasses contigo própria, os dedos que se entrelaçam na hora de escrever, e vou ouvido o oceano, pacifico, chegar até mim, ajudando os meus sentidos a desprenderem-se do físico, soltando a alma sem destino algum, no entanto tão preso e presente em ti. E o dia arrasta-se entre a azáfama dos papeis, das notas, dos dinheiros e o ondular deste mar de palavras

António Almas

que se alonga em vagas de prazer espalhando a espuma do deleite por toda a praia...

A vida dá-nos imensas voltas, efectivamente também já me arrependi várias vezes de amar alguém profundamente, e também eu ando sempre a dizer-me a mim mesmo que não vou entrar por aí, que não quero mais desiludir-me com ninguém, mas depois parece que a atracção pelo "abismo" é tão premente que não resisti a deixar-te entrar, em chegar à beira, abrir os braços e deixar-me cair, esperando que em baixo exista um lago profundo o suficiente para que amorteça o meu mergulho sem me matar de novo.
Hoje o homem que se reinventa é também o que cria, porque é impulsionado a criar, não apenas pela força que desconhece, mas pelas palavras que outro coração lhe dita, alimentando, todos os detalhes duma alma, agitando todos os átomos de um corpo, excitando todos os cantos duma libido.

Amar só por amar

E neste jogo de palavras, que como dedos despem a alma, arrepiam a pele, toco-te o corpo, com teus próprios dedos, percorrendo os recantos mais íntimos de ti, sentes a minha respiração no teu pescoço, e as minhas mãos que circundam o teu busto, deslocando-se pelo teu ventre, circulando o teu umbigo, desenhado nele a galáxia mais próxima, minha língua desenha o contorno da tua orelha sinto tuas mão procurarem-me, enquanto teu coração bate forte em meu peito, percebo-te a excitação, quando atinjo o centro dos teus sentidos, cerras os olhos e deixas-te levar, numa viagem ao reino dos prazeres, num instante de êxtase...

www.aalmas.eu

Capítulo XI

www.aalmas.eu

Amar só por amar

Alimentas os desejos de mil poetas, espreme-los retirando-lhes o néctar feito de palavras, caldo-de-cana que em teus lábios derramas, como adubo que fertiliza o âmago. Conto-me entre as letras que escrevo, inspirado no teu embalo, como se me agasalhasses no peito, como único regalo. Sei ser muitos, e não ser ninguém, ainda assim não resisto à sedução, prazer com tuas palavras que me abraçam como se tivessem corpos feitos de várias almas.

Os momentos são o desejo em que encerramos os corpos e deixamos voar as almas, não são eternos mas parecem ser uma eternidade quando deles extraímos o melhor que têm. Serei apenas letras, parágrafos e frases, mas não deixarei de saber amar na plenitude dos sentidos, minhas palavras serão dedos que te tomam, teus parágrafos corpos que possuo, numa dança rítmica que te excita e te leva ao êxtase.

Entrego o corpo de meus versos sem rima, aos teus lábios de letras e deixo que a tua boca beba todo meu mel, inundando-te de mil vidas. Bebo o teu néctar que, como pedaço das tuas frases, em mim procria paixões inventadas na ponta do lápis.

www.aalmas.eu

Capítulo XII

www.aalmas.eu

Amar só por amar

Não se ouve, mas sabe-se que lá está. Não se vê, mas sabe-se que existe. Sente-se, pressente-se, adivinha-se ali, naquele instante, quando a brisa não é mais que um sopro, quando a luz não é mais que uma ínfima chama, que treme e acorda a escuridão. A noite é das estrelas, todas elas sem excepção, o dia consagra-se ao Sol, em toda a sua dimensão. As letras entregam-se às frases, e os livros dão-lhes corpo, como tu incorporas os sentidos todos de um único Universo.

As respostas que procuras estão nas letras que escutas, melodias da tranquilidade, como se pudéssemos beijar a chuva, matar nela a sede da saudade que não existe por nunca ter sido, realidade. Soltam-se os tons das cordas escondidas do piano, como magia que corre, como um rio em ti, como cascata que se precipita do alto da montanha, na ânsia de chegar ao lago tranquilo da alma, a tua, que a espera na placidez deste rio que se faz mar.

Ama-me, como se fosse pétala de flor, como se fosse oceano de amor, cais onde teus braços aportam, teu corpo em meu encosta e repousa, no silêncio desta melodia que os dedos dedilham sobre o branco imaculado das teclas, minhas mãos em teu corpo adormecem, em afagos de prazer, tranquilidade e desejo. Ritmo que teu coração marca em meu peito, palavras caladas que não nos dizemos, porquê quebrar agora o silêncio, se este se veste dos sons que escutamos em nós.

Talvez seja apenas a música, ou os sentidos que ela desperta, que fazem jorrar dos dedos as minhas palavras, serão talvez desejos, que o corpo interpreta, ou tão simplesmente a magnificência que os segredos da Vida encerram, serão sonhos, sinais ou simples reminiscências de outras tantas saudades, momentos de parcas verdades em que já não sabemos se estamos aqui ou, muito para lá do nosso horizonte. Serão lágrimas de amor, sentimentos de dor que de tão fortes nos anestesiam deixando o corpo dormente, a alma ausente...

...Não sei, não sou capaz de entender porque me levas no peito, porque dormes aninhada nas minhas letras, porque venho sempre aqui olhar-te, separado de uma distância que de tão ínfima se torna inalcançável... Não entendo que nos

Amar só por amar

prende, porque prende e onde nos prende, sei apenas que nasces em mim, como água límpida, como frescura agreste de um tempo que já foi e nunca será, uma recordação de algo que nunca aconteceu, mas que se faz presente num quotidiano vazio de tanta coisa, cheio de tanto ruído, e onde o nosso silêncio é apenas um elixir para a sobrevivência.

Em cada um destes parágrafos escutei uma música diferente, o pianista toca no fundo do ecrã, e as letras reflectem o nome e os sentimentos que me inspiram enquanto tu, manténs a tua imagem no meu espírito, aquele sorriso que apenas vi, e jamais esqueci. És pano de fundo de um palco onde nenhuma peça se estreou, instante que os olhos transmitem à mente e que guardo como recordação, aquele foi o teu dia.

Qual é o destino do amor? Será eternamente uma ténue esperança de um ter sem nunca haver tido, ou simplesmente uma recordação do que se possuiu? Será um pecado escondido atrás no tempo, uma traição por cometer, ou tão simplesmente o abraço que tanto se queria ter?! Importas-te

António Almas

de ser? Ser apenas, existir como se efectivamente fosses a obra acabada de um sonho, importas-te?
Fico aqui, sentado no jardim deste paraíso inventado à medida dos sonhos que tive, neste banco que oscila entre realidades, esperando que o Sol se ponha para vires sentar-te!

Aqui venho repousar um segundo na tua praia, porque os dias são desgastantes e a vida passa a correr por entre os dedos. Por vezes gosto de uma casa vazia de gente, dum instante de silêncio, de escutar apenas a vida lá fora. Estou permanentemente rodeado de gente, o que por vezes me faz ter saudades do silêncio, daquele instante em que não há ninguém por perto, em que eu me encontro comigo mesmo sem testemunhas. Como sempre, escrevo-te, e hoje fi-lo mais uma vez, num texto que fala dos sonhos, daqueles instantes aos quais adormeces abraçada, como se fossem pedaços de mim que vêm do nada. Por vezes duram apenas um segundo, outras vezes mesmo nada, mas são imagens que se reflectem

Amar só por amar

no céu da minha Noite, como fotografias de ti que nunca vi. A minha voz, que não conheces, é o reflexo da alma que carregas contigo, como última recordação daquilo que te deixei atrás no tempo, quando me despedi para partir rumo à eternidade, nesse tempo escutaste-me e gravaste em ti o som de minha voz. Hoje, ainda que na distância somos o som do Universo, um grito na escuridão da noite, um gemido na intimidade do nosso corpo, um abraço entre corpos.

É nos tempos difíceis que devemos estar disponíveis para darmos todo o amor que temos, é durante e depois das grandes batalhas que oferecemos a quem amamos o nosso corpo, a nossa alma e a força que carregamos no peito, seja apenas na forma da mão que estendemos para ajudar o outro a levantar-se, ou no bálsamo com que lhe ungimos as feridas. Se as minhas mãos são a brisa de vento que se enleia nos teus cabelos cor de oiro, para te afagar, para te transmitir tranquilidade, sente-las como tuas e usa-las, sente o calor que emanam quando se aproximam do teu rosto, quando meus dedos seguram as lágrimas singelas que te escorrem pela face. Abro-te os braços, cobertos de penas, para que te adentres no meu peito, e pouses aí o teu corpo exausto, a tua alma ferida, tolhida pela dor que os olhos apagados reflectem. Aconchego-te a mim, fechando-me, como concha, protegendo-te o corpo e a alma, da tempestade que assola o teu quotidiano.

Falo-te do Sol que brilha para lá das nuvens, da esperança que sabemos existir em tudo o que fazemos e da ternura que se sente em cada acto de vida. É necessário ultrapassar as provas duras para ganhar o paraíso, é fundamentar manter-se firme no meio do vendaval, ainda que por detrás de um corpo erecto exista como muleta uma alma gémea que o segura, firme. A vida é uma paragem de autocarro, chegam e partem a todos os instantes corpos e almas, amigos e familiares, estranhos e conhecidos. O facto de estarmos ali, nos cruzarmos com eles e depois deixarmos de os ver, não significa que não pensem em nós, que não estejamos juntos. Nestas viagens entre Universos, passamos por etapas, aprendizagens

Amar só por amar

e desafios, é sempre problemático para quem fica na paragem ver partir os que viajam, mas numa atitude positivista devemos ser capazes de perceber que cumpriram já mais uma etapa rumo à eternidade.

Divago pelas palavras, tentando acalentar-te a alma, tentando perscrutar o que te aflige, e onde te posso ajudar, quiçá um abraço fosse a forma mais fácil de o fazer, uma abraço real entre corpos, poderias sentir a firmeza do meu corpo e a persistência e convicção com que estaria presente a teu lado, mas, impossibilitado de o fazer, tento verbalizar os sentimentos por forma a transmitir-te as mesmas sensações de uma forma tranquila e doce, como se estivesse aí e te pudesse carregar no meu colo, como fez Deus na parábola das pegadas na areia, nunca te sintas só porque estarei sempre contigo, nunca te sintas abandonada porque estarei sempre em ti.

Acreditar é saber voar, ganhar asas é libertar-se das amarras, e a liberdade é o sonho que nos atrevemos a sonhar.

António Almas

A vida é cheia de mistérios, e a eternidade encerra em si os segredos que a preservam. Não podemos ter respostas para tudo, e devemos saber esperar as respostas nas alturas em que estejamos preparados para as entender, sob pena de deixarmos escapar o que é essencial nelas.

Denoto em ti uma dúvida, a efectiva certeza que, não sabemos se devemos esperar pela próxima vida, ou viver de imediato aquilo que nos dá prazer, aquilo que desejamos. Eu tenho, e sempre tive a sensação que devemos aguardar pelos momentos, deixar o tempo levar-nos até aquilo que queremos, esperar faz-nos desejar ainda mais, ter mais vontade de sentir o que há para sentir, é quase tântrica esta ideia, mas é um facto que o mais desejado tem sempre um gosto diferente daquilo que é imediatamente consumido, é até assim com os alimentos, porque estes contêm sabores e gostos que depois de mesclados ganham novas essências se mantidos a marinar. Esperar é, sem dúvida, uma virtude, e saber esperar, pelo momento certo é com certeza a qualidade que nos faz diferentes dos outros. Não sei se por uma outra

Amar só por amar

vida ou por mais tarde nesta vida, sei apenas que é importante esperar-te, descobrir-te aos poucos, saber saborear o que tens dentro, enquanto o corpo e a realidade não ofuscam o olhar da alma.

A abstinência do corpo permite-me olhar-te de uma forma diversa, de dentro para fora, permite-me sonhar-te, inventar-te e até orar-te. Esta separação corpo/espírito, endeusa o outro, fazendo-o um ser especial, permitindo-nos amá-lo sem sentir a sua pele, mas acreditando na sua pureza de sentidos.

Tenho coisas que me ligam em definitivo a todas essas imagens, uma a uma, o ser medieval, a cavalaria, as florestas sombrias e verdejantes, a dança, o vazio e a atracção quase fatal que exerce em nós. Sim definitivamente estamos ligados, não sei desde quando, desde onde, muito menos porquê, provavelmente porque no passado fomos uma grande paixão que não conseguiu concretizar-se, provavelmente porque os corpos não tiveram a possibilidade de se encontrar no mesmo espaço temporal e físico. Tenho uma teoria sobre isso, acho que se nos amarmos sem nunca concretizarmos esse amor, ele

António Almas

passa de corpo em corpo, de vida em vida até que finalmente os corpos se entreguem e consigam consumar aquilo que já há muito as almas efectivaram, pode ser por aí, as grandes paixões proibidas sempre deram grandes romances, dramas profundos que provavelmente se arrastam até hoje, noutros corpos, noutros tempos, quem sabe não sejamos um Romeu e Julieta, um Pedro e Inês...

Pensei que houvesses encontrado a tua alma gémea...

Para mim sereia, há muito mais que afinidade, mas reservo-me nas palavras pois não sei se devo aplicar-lhes todo o sentir, afinal podemos estar a falar de coisas diferentes, tu de sentidos mais latos, eu de sentidos mais profundos, logo, e a escrita tem destas coisas, podemos estar em tempos diversos, em sintonias distintas, mas sabes, eu acho que sei que não verbalizas tão profundamente porque temes que te toque demasiado fundo na alma, que as minhas mãos a moldem, e sintas que lhe toco directamente só com estirar os meus dedos em direcção a ti. Defendes-te, dissipando os sentidos e falando da diversidade dos sentires sem personalizares muito, não

Amar só por amar

corres riscos, mas eu percebo-te. Afinal também eu te descobri, de uma forma ou de outra acabei encontrando-te, dando-me a encontrar.

Começamos a descobrir-nos, mais e mais, como a flor que nasce, desabrochamos para novas emoções, e sentimo-nos mais próximos, colados um no outro. Inspiro o ar que expiras, e a cada passo dou mais um passo contigo. Esta caminhada com o horizonte pela frente onde o céu tem apenas uma estrela e o mar apenas uma sereia, torna o nosso mundo diverso, imenso e em constante expansão, pois ele é o reflexo dos sentires que também crescem em nós.

Não há noite em que não adormeças em mim, nem dia em que não te carregue no peito, recordações de um tempo passado, de um presente que me ofereceste e que até hoje reside em mim. Os meus olhos vêm-te em cada pétala, e a brisa afaga-me o rosto com as tuas mãos que invento em mim. Os lábios sentem os teus, que se entreabrem para procurar

António Almas

nos meus o aconchego de um abraço terno, doce e sensual. Sinto ainda o calor do teu corpo, como se fosse meu, num instante atrás do tempo em que te possui, deixei nele a minha marca e trouxe comigo o teu coração, para saber encontrar-te para sempre.

Do teu olhar guardo ainda o brilho, e a última lágrima que se desprendeu num adeus que nada mais foi que um até mais, mas que doeu fundo no peito, e marcou a separação daquilo que ainda não se uniu.

Atravessei mil céus, Universos perdidos e sonhos, pesadelos, desalento por te encontrar, mas sabia que haveria em qualquer lugar, alguém que vestia a tua alma de encantar.

Volto ao tempo de sempre, com as mesmas letras entre frases já conhecidas. Viajei por mim adentro neste crepúsculo e encontrei tanto que já havia perdido que fiquei boquiaberto. Vejo agora os tempos perdidos em redor de tantos outros nadas, os vazios criados por aqueles que partiram, que se

Amar só por amar

preencheram por outros que acabaram de chegar. Sou uma estação, um apeadeiro onde as pessoas entram e saem, sou um espaço vazio que a vagas se preenche e a outras se encontra abandonado.

Sabes, às vezes perco-me de mim, a alma foge ao homem e perdem-se um do outro como se quisessem separar-se, depois aquele frio imenso que se apodera do corpo desprovido de alma, depois aquela sensação de vazio como se fosse uma garrafa cheia de nada, uma alma sem corpo, vagueando para o encontrar.

É, a magia não tem corpo, é apenas luz e força, vontade própria de ser isso mesmo, apenas magia, emprestar-lhe um corpo prendê-la-ia no vácuo, não lhe permitiria propagar-se. Afinal minha querida sereia, os anjos não têm corpo, não sentem, não podem tocar, apesar de terem a sensibilidade de te escutar mesmo quando não falas. É, quiçá não deva precipitar-me de um edifício qualquer perdendo a capacidade de te ouvir no silêncio, em troca do calor do teu corpo que é apenas uma veste passageira.

António Almas

Saber amar é uma aprendizagem constante das necessidades da alma, do outro, e daquilo que o faz feliz, amar alguém é saber que esse alguém é feliz, e não, pensar apenas em ser-se feliz, é na partilha do sentir que se abraça o amor na verdadeira essência que o comporta. Não se sabe amar, aprende-se a amar, escuta-se e sente-se mesmo com a ponta dos dedos que não se podem tocar. Abster-se é prolongar o prazer, aguardando que o futuro traga o culminar de um momento desejado e não vivido, sentido mas não provado.

Amar-te assim, é o sublimar da própria arte de amar o outro, não só o próximo, mas também aquele que sabe ser um pedaço muito grande de nós próprios. Amar-te assim é saber sempre os teus desejos e perceber em cada instante o prazer que tens em estar aqui. Este é um mundo transparente, as finas paredes que o separam da realidade tornam-no translúcido aos olhos dos seres comuns, embora tu, e eu, sejamos capaz de o olhar e ver, de nos olharmos e vermo-nos, de nos tocarmos e sentirmo-nos, no mesmo instante em que

Amar só por amar

os dedos se enlaçam e as mãos se apertam para caminharmos lado a lado pela praia fora.

Aqui estou, de volta ao mesmo lugar. Como um circulo, a vida trás a água de volta à nascente. As palavras nascem na ponta dos dedos, proferidas por formas etéreas que não vejo mas sinto, em mim, como minhas, partes de um todo a que chamo de alma. Leio e percebo, ou tento decifrar-te por entre as pulsações que emites, estrela viva, raios de luz pungentes que recebo de peito aberto há brisa do vento que chega do espaço.
Traduzo sentimentos, converto-os em respostas, faço-lhes um sentido, nem sempre exacto daquilo que pretendem dizer. Ser tua alma gémea não me assusta, simplesmente me completa, não duvido que a tua se encaixa na minha, se aninha e a ama, como uma forma diversa de a compreender, entender e absorver, num abraço terno que se estende para lá dos braços

que não tocamos, para lá dos corpos perdido no vazio das vidas que não saboreamos.

Devorar-te, de uma forma exacta, é comer cada letra, sorver cada palavra, degustar cada frase, como se fosses tu a criá-la, como se saísse dos teus, meus, próprios dedos. Sendo assim, é clara a forma, o sentido e a direcção, bem como o que se pretende dizer, sem sequer se escutar um pequeno ruído. É assim que funcionam os seres extra-sensoriais, essa capacidade que encontramos de nos comunicar, este canal de interacção que faz com que estejamos juntos sem nunca estarmos.

Mas ainda assim existem dúvidas, particularmente na profundidade dos sentires, na exacta proporção do amar, e ser amado, do querer e ser querido, do gostar e ser gostado. Ser generalista e dizer que se ama a humanidade, ou ser individualista e dizer que se ama o individuo. Mas, qualquer dúvida se dissipa no passar do tempo, dissolve-se nas atitudes, nos reflexos e respostas às emoções provocadas, e aí, o que se duvidava, tem-se como certeza, e aí, ganha-se ou perde-se

Amar só por amar

ânimo. Ambos estamos na dúvida, não ariscamos, não cruzamos alinha que separa a generalidade da individualidade, o que é em nós perfeitamente normal.

Se achas que falas demais, eu diria que escrevo demais, digo demais, toco-te demais, deixando-te muitas vezes fragilizada, outras tantas receosa, mas muitas satisfeita, como eu, por estar aqui, agora, sentado ao lado de ti, conduzindo-te os dedos, como se respondesse por ti, tal e qual tu fizeste comigo aquando desta redacção que agora acabaste de ler.

Divago nas ondas dos teus cabelos, invento palavras para fugir à monotonia, quebro as vagas e salto alto, no vento forte que me eleva como ave sem asas, e me leva a pousar de novo no mar agitado das palavras. Reinvento-me em cada instante como obra de arte em constante mutação, criação, invenção. Tu, lês-me, escreves-me, escutas-me como um ouvinte, por vezes silencioso, outras um mortal preocupado com o ritmo do quotidiano, outras amante apaixonada, encantada nas letras que escutas com a alma.

É assim a pulsação da vida, o dia-a-dia, rumos perdidos em secretos mistérios escondidos fundo, bem fundo no âmago da alma que grita a libertação, que o corpo, cansado, exausto, abafa para que cá fora apenas se veja o sorriso dos lábios, e a cara de satisfação pelo dever cumprido. Mas, lá dentro, o fogo arde, a vontade é premente, o desejo contido é simplesmente avassalador, queimando, abrasando as entranhas que o sustentam. Abala-se a estrutura, abana o corpo em queda lenta, força que o ente encontra, vinda do céu, das estrelas, alento, esperança que um dia, para lá dos limites da realidade a nova vida nos ofereça como recompensa o sol brilhante, a paz tranquila de um lago de águas calmas onde mergulhamos os pés descalços como forma de relaxar dos desaires de vidas passadas.

Mas afinal que queremos mais quando temos tudo e não encontramos algo que por mistério nos falta? Que desejamos nós quando o próprio desejo reclama ao corpo a quebra de

Amar só por amar

todas as regras que nos impomos? Não sei, não sabemos, mas queremos ainda assim algo que não devemos, não podemos mas desejamos como tudo aquilo que já tivemos e não temos mais!

Segredo, o teu, que sustenho nas palmas das mãos, como luz que ilumina o caminho, como água que mata a sede, como maná que alimenta a alma. Seguro-te, na ponta dos dedos, com a delicadeza com que se segura uma porcelana, um cristal, mágico, que brilha sem cessar, na escura ausência da Noite. Minha fada das estrelas, luz de um olhar que não sabes existir, perfume de uma fragrância por criar, palavras vos ofereço, a vós que sois todas estas pessoas, mas que na realidade existes apenas no limiar dos sonhos!

Escuto-te num pranto que desfalece, num baixar de braços, uma desistência antecipada deste lugar mágico onde nos costumamos encontrar. Fico triste, mas entendo, fico gelado mas percebo que a realidade é muito importante e cada um

António Almas

de nós tem a sua, não podemos, não devemos abdicar dela, no entanto, este lugar sossegado onde sem corpos nos encontrávamos era um sítio terno e suave que se arrisca a ficar vazio. Mas se assim tiver de ser, será.

Deixo-te um sopro de ternura, um afago suave no teu longo cabelo e um beijo na tua face, como chave que esconde cada instante em que tantas outras vezes em espírito te tomei em meus braços. Com esta chave abrirás de novo o lugar mágico, quando um dia o tempo te der tempo para lá voltares.

Por aqui estou, à deriva entre cada letra, num mar de frases por completar, desejos por cumprir, ilusões por criar. Os dias pesam na alma, e os anos arrastam-nos para um ciclo vicioso que nos desgasta a pele, arrefece as mãos e gela o peito. Este Inverno sem chuva, trás-nos o frio gélido no vento norte e encontra-nos, estendidos ao sol, tentando aquecer um corpo que arrefece a cada dia que passa.

Amar só por amar

É assim a vida, a real, e a fictícia, a etérea, ganha calor, entra em ebulição e depois, arrefece ao ponto de congelação. E o não esquecimento é simplesmente uma pequena lembrança de quando fomos água líquida, fervente, vapor que subia e se precipitava em chuva quente, abundantemente. Hoje somos neve, em breve, seremos gelo, e um dia, ainda conseguiremos lembrar-nos de quando fomos gente, quente, envolvente.
Nesta minha poesia desconcertante, sem métrica alguma, onde as rimas se misturam com coisa nenhuma, deixo-te um suspiro, um impulso de ar quente, que se estende em todos os sentidos, e arrefece, até tocar a tua tez, suave maciez que jamais ousei tocar, num derradeiro degelo, minha alma se faz liquido para banhar teu corpo e minha boca se faz gente para beijar a tua.

Hoje não te escrevo, falo-te com letras que pronuncio com os dedos, quebrando o silêncio no deslizar tranquilo das mãos sobre o o teu corpo de cristal. Não digo nada, escrevo, sobre a

António Almas

pele imaculada, com gestos ternos cada letra que sentes como se o escutasses. Os olhos fechados à luz do dia, vêem perfeitamente na escuridão duma noite inventada agora mesmo, quando o Sol se empina no mais alto do céu. Desenho-te o corpo, sem nunca o ter tocado, traços suaves de vitral, curvas gentis sombras ténues, acabo de te inventar, aqui, no ar, como se teu corpo fosse de vidro, transparente como a água que corre no riacho, no meio, brilha uma luz, intensa, mas simultaneamente tranquila, o brilho da tua alma, luz deste mundo cristalino que habitas para lá da tua pele, do teu corpo real.

Vejo-te, numa alucinação de sentires, numa paz que remove qualquer interferência do quotidiano, como se se abrisse um parêntesis em plena frase, para te dizer ao ouvido, que estou aqui. Consigo penetrar o teu olhar, azul, cor de mar, e com a ponta do meu ser, tocar-te a alma, sentindo a ternura, paixão, amor que extravasa essa outra dimensão. É assim, por entre esta amalgama de letras empilhadas que construo a tua imagem, que nasce a cada segundo uma nova hora e em cada

Amar só por amar

dia um único mês, porque a dimensão temporal não se rege pelas mesmas regras da realidade, aqui ganha-se velocidade porque eliminamos obstáculos, e, vamos directos aos sentidos, um do outro, percebendo em antecipação que nasce assim uma história longa, que criou raízes lá atrás, numa outra vida em que nos perdemos, para agora tangencialmente nos encontrarmos.

Seremos rectas que de tão paralelas não se cruzam? Olham-se e não se vêm, mas sentem-se e não se tocam, uma equação insolúvel, um mistério, um segredo, que não pretende abalar os alicerces do Universo, apenas provar que os romances são eternos, etéreos momentos em que os sentidos trocam as voltas às leis da atracção, gravitação, uma física de pernas ao ar. Visto de longe, daqui de onde te olho, és uma estrela em ebulição, pedaço de luz distante, mas que chega até aqui com todo o fulgor de outros tempos, juventude esperada num abraço cósmico que trespassa o tempo e me encontra aqui sentado nesta secretária contemplando toda a tua beleza e esplendor.

António Almas

Há dias em que a alma entrega o corpo à vida, abandonando-o à sua sorte. Recolhe-se num recanto, lugar escondido dos sentidos alheios, refugia-se como se quisesse abandonar a sua própria dimensão. Nesses dias as palavras soam ocas, e o eco que prolongam adensa-se. O corpo, qual *zombie* articula-se nos movimentos habituais, deslocado-se em ritmos compassados seguindo os rituais. Nesses dias, o cérebro anula-se, um resto zero numa qualquer divisão de pensamentos, deixando pura e simplesmente de raciocinar. Hoje é um desses dias!

Apetece-me deixar sair as letras, sem sentido algum, escrevendo apenas, sem querer dizer-te nada, sem pretender fazer sentir-te nada. Hoje as metáforas, assinatura implícita em meus textos, são apelos ao nada, gritos despidos de qualquer sentimento, angustias perdidas em tempos, instantes em que me dissolvo no ar que se respira em meu redor.

Hoje, talvez não seja a tua melhor companhia, sequer a tua inspiração, ou mesmo o sorriso no teu olhar. Não nascerei com Vénus no céu do entardecer, não serei o companheiro que

Amar só por amar

procuras quando a vida te deixa sossegar um instante para recobrares o fôlego. Serei talvez aquele canto escuro do firmamento, onde não existe estrela alguma, por onde a luz deixou de passar e nem os olhares mais atentos conseguem vislumbrar uma réstia de existência.

Talvez devesse ficar em silêncio, mas a verdade é que mesmo não dizendo nada, as palavras saltam, como pipocas, inchando e estalando no espaço vazio, estes são os momentos da solidão, os lugares perdidos onde nem mesmo o vento se atreve a penetrar, sequer a chuva cai. Desculpa, pela má companhia, e particularmente pelo vazio que te trouxe neste texto cheio de letras que não dizem nada.

Hoje, não fui um raio de sol que rasga a tempestade, fui apenas a nuvem negra que o cobriu.

A vida corre veloz sobre este caminho polvilhado de pedras, damos-lhes a volta, contornamo-las, para que possamos seguir em frente, desviando-nos do obstáculo, isso atrasa-nos, prende-nos lá atrás nas manobras que temos de fazer para conseguir seguir em frente. Desgastam-se energias, desprende-se a atenção dos detalhes para se concentrar apenas na vida, nos obstáculos que nos apresenta, e assim consumimos nosso tempo.

Mas há lugares onde o corpo não entra, onde o despimos para deixar à porta, ou, dele, simplesmente retiramos os sentires. Essa porta, imensa e sempre aberta, fácil de transpor e sem obstáculos, é a porta da alma, lá dentro moram os sonhos, e com eles alimentamo-la, num ciclo que se refaz a cada instante. Se deixarmos de entrar, a alma contrai-se e extingue-se por não suportar o vazio, não tem pilares que sustentem a sua estrutura e implode. Se a visitarmos com frequência, restauramo-la, e por vezes acrescentamos-lhe ainda alguns anexos e pisos, somos os arquitectos, os obreiros e os habitantes da nossa própria casa.

Depois, bem... Depois voltamos, colocamos os pés no chão.

Amar só por amar

Sei que me esperas nas noites escuras e frias deste inverno para te aquecer a alma. Venho de longe por entre a escuridão aninhar-me em ti, tomando o teu corpo como meu, acordando nele os sentidos que sabes existirem em tua alma. Descubro-te já adormecida escondida entre lençóis e almofadas, esperando por mim, num sono suspenso da espera do meu ser.

Voo pela noite forma para me fazer presente em tua vida, como réstia de luz que marca o sinal de todos os tempos, dos que vivemos e dos que nos esperam. Venho de longe, do início das eras, para ficar, em letras e sentidos, palavras e sensações que em ti deixo ficar, como cofre seguro que sei saberás de mim guardar.

E o tempo ruma ao futuro, mas em nós suspende-se porque sem tempo algum não podemos contá-lo, parou, ou, simplesmente deixou de existir em nós. Não há ansiedade quando não temos que contar o tempo, não há saudade quando sempre estamos presentes, não há sede quando a fonte jorra constantemente água.

António Almas

Eu sei que o mundo real me afasta por vezes do sonho, do ideal da alma que em mim vês, afinal também sou humano, vivo dentro de um corpo e não posso apenas ser etéreo e imune ao que me rodeia. Igualmente tu, sentes e percebes que a vida em teu redor por vezes te deixa afogada em realidades, os teus fantasmas aparecem, visitam-te e até te deixam mensagens que preferes apagar.

Mas sempre encontro o equilíbrio no teus sorriso, na candura da tua voz e, de vez em quando, no mar imenso do teu corpo. Volto outra vez e faço letras e palavras, naquela magia que conheces e que, muito sinceramente não é só minha, é simultaneamente tua que completas o que escrevo criando as imagens para os textos.

E agora quero adormecer-te neste canto, música terna que nem já me atrevo a escolher para que fiques adormecida em mim e no silêncio deste lugar mágico.

Amar só por amar

Somos hoje o reflexo do brilho de sempre, espírito aberto que em nós se aconchega como pétala de flor que de teu corpo escorrega. No silêncio deste quarto em lusco-fusco adormecido deixamos ficar um suspiro suspenso até um outro qualquer momento em que novamente renasceremos para inspirar.

Somos estrelas distantes com raios de luz fulgente que pela negridão da noite se fazem caminhantes em direcção a um lugar sempre presente, em ti, em mim e no pensamento do vento que nos empurra como grão de poeira, aleatoriamente.

Da noite se faz dia, e no crepitar das chamas que não acendemos fizemos o lume dos sentidos que corpos humanos incendiou, gritos calados, suspiros perdidos em peles abandonadas sobre lençóis despidos.

Somos as palavras que escrevemos, como brasas dormentes de exaustão, que ardem debaixo da cinza escura e aparentemente fria do quotidiano, somos nadas, mas sempre cheios de tudo isto que carregamos, como se fossemos de

António Almas

malas e bagagens para lá deste tempo, em viagens sem corpos desde o presente olhando o futuro ausente.

Nada mais sou que um facho de luz, que teus olhos descortinam na imensidão desta noite onde nada brilha, tudo é escuro e solidão, tudo é simultaneamente vazio e frio, mas tu sabes descobrir em mim, aquilo que queres sentir, ser, ouvir.

És o destino das histórias, como se falasse sozinho, sabendo-te aí a escutar-me, tão presente, tão proximamente ausente que por vezes parece que falo comigo, ao invés de falarmos juntos.

Deixo-te no aconchego do meu corpo, como ritual que sempre praticamos em cada momento da presença dos corpos que nos emprestamos. Dorme com os anjos e deixa-te ficar até que o dia te venha despertar.

Aqui estou de novo, como se não voltasse a ti todos os instantes, momentos em que te entrego a alma nas letras que te escrevo. Sou um silêncio que tem palavras, em forma de

Amar só por amar

escritos, que te murmuram ao ouvido os sonhos que queres ter. Aqui estou de volta ao teu aconchego, porque sei que me guardas em ti, como algo precioso que quererás manter eternamente entre as memórias da tua vida, poderei ser uma história, uma foto ou a lembrança de um momento, aquele momento em que o tempo parou, aquele homem que te tocou, aquele beijo que não te deram, ou aquele toque que nunca havias sentido. Posso ser a memória de um tempo de felicidade, de loucura, insanidade saudável que te permitiste ter, mas serei sem dúvida o anjo que te guarda, que tatuou na tua pele os desígnios de outros tempos, memórias que já não te recordavas, mas que eram tuas e eu trouxe de volta.

Poderás contar-me aos netos, como se fosse teu Peter Pan, que numa noite de lua cheia te levou a voar, e te deixou ficar na Terra do Nunca, para só regressares quando quisesses voltar. Tu serás a eterna centelha, luz que brilha no céu escuro da minha noite, como guia que me diz onde fica o meu abrigo, para me orientar, quando voltar, sempre a ti.

António Almas

Pode parecer nostálgico o que te escrevo, como se tivesse partido, quero apenas dizer-te isto para que saibas o que sinto, como sinto e porque sinto, porque nem sempre controlo o tempo e não quero que ele me pregue uma partida. Mas estou aqui, mesmo detrás de ti, estás sentada entre as minhas pernas e eu leio-te em voz alta o que te escrevi. Vou sempre estar aqui, não vou deixar-te cair.

Mergulho a minha cabeça no oceano profundo dos teus sonhos, deixo ausente o corpo que em espiral desce ao abismo. Imolo a alma em pira ardente iluminando a noite escura, fazendo-a de dia. Solto dos dedos as letras que a cada noite te entregam caricias perfumadas do meu ser, centelha brilhante que em teu olhos brilha.
Sigo o perfume suave da tua pele canela, o aroma do teu sorriso, o gosto suave de teus lábios que em minha alma vêm repousar. E depois, depois as mãos enlaçam-se num passeio discreto pelo vazio da atmosfera, balançam como pêndulos

Amar só por amar

dourados em direcção ao horizonte que recebe o abraço quente de um Sol que adormece.

Chega o sono, que teus olhos encerra, teu corpo dormente aquece, e recebes em ti os átomos que minha alma dispersa no astro, faróis que teus sonhos iluminam num instante de magia que te mantém viva. Eu por meu lado, converso com os deuses que regem o Universo, pedindo-lhes que mantenham sempre esta ligação entreaberta, para que o nosso momento cósmico seja a porta de entrada de almas que se concebem juntas, unidas, num lugar qualquer deste espaço imenso entre dimensões.

Escrevo, sem destino, as letras que tantas vezes me sussurras ao ouvido, como se quisesses que te escrevesse aquilo que já conheces bem, mas ninguém ainda te havia escrito. Meu corpo traduz os impulsos eléctricos que a alma desprende, e faz com que estando ausente, esteja sempre em nós, como sempre.

Temo apenas, por não querer violar a tua singela beleza, como se minhas mãos imensas pudessem de alguma forma quebrar a fina filigrana que és. Temo que a ausência constante apague a luz que este túnel de tempo deixou passar, que as trevas vençam e a realidade derrote o som desta música inaudível que apenas nós escutamos. São os riscos da imortalidade, os factos que ficam quando o tempo teima em avançar e os que seguem a corrente deixam de ser capazes de se segurar no mesmo lugar.

Não penso, não porque não exista, mas simplesmente porque quero existir neste momento, fechado no tempo, num lugar imaginado que me atrevo a recriar na realidade, nem que seja por um breve momento. Sei que as energias se consumirão, neste esforço hercúleo por fazer o tempo parar, mas valerá seguramente a pena poder tocar a tua pele, sentir o calor do teu corpo e escutar, no silêncio de um abraço, as batidas descompassadas do teu coração.

Hoje escrevo sobre o azul do mar, silêncio incontido na maresia de um poema não escrito. Leio nas ondas os sinais,

Amar só por amar

marcas efémeras dum passado. Hoje escrevo na areia da praia, as lendas que te acabam de encantar, que o mar vem devorar em pequenas vagas. Olho o horizonte procurando achar, o momento em que o céu abraça o mar. Hoje escrevo nas nuvens que o vento junta e arrasta para o mar. Falo de lugares e histórias de enfeitiçar, como se quisesse para sempre te abraçar, envolver e enlear.

Não sei que é feito do tempo, que deixou suspenso este momento, quando o Sol já adormeceu no oceano mas o dia ainda não se deitou na noite. Não descubro o lugar de onde saem todas estas preces, como cantos pungentes, ritmos suaves mas ardentes, que se soltam num grito calado, silente.

E abro os braços em cruz, como querendo abarcar todo o teu mundo, como querendo segurar-te ainda que fosse um segundo, suster a respiração e beijar-te como se tivesse acabado tudo. E depois inspiro fortemente, acordo e o olhar desprende-te, como se desata um laço apertado e firme, deixando teu corpo despido, solto e vivo, e a boca ainda húmida do meu ser.

António Almas

Queimo a tua pele com a ponta dos dedos, num toque sem quaisquer segredos, como se nada fosse impossível, como se tudo nos fosse permitido, consentido. Voo de novo pela tua atmosfera, como pássaro sem rumo, silêncio profundo que em teu corpo se abriga, toco-te, afundo-me em teu ventre como navio desgovernado, como louco encantado que descobre a insanidade num bocado de prazer, escondido, contido num pedaço suave da tua pele.
Vibras em mim, sinal ardente de teu corpo de mulher, chama envolvente que me corpo devora, consome, num acto puro de sensualidade, sexualidade e luxúria, grito que a alma segura, vazio que meu corpo te preenche, e acolhes em teu ventre. Lava ardente que teu vulcão engole, segura e guarda, como caixa que se fecha, segredo perdido entre as gentes, que só nós ousamos despertar, êxtase por revelar.
Fluímos como energias divinas, para fora deste reino real, esvaziando o sentido deste pecado carnal. Doce loucura ou eterna ternura que nos sujeita aqui, nesta virtualidade.

Amar só por amar

Gosto do frio, da chuva que o Inverno trás, com ela vem o verde que invade os campos. A noite chega mais rapidamente e o calor que nos aquece os corpos aconchega-se à pele com a roupa. Gosto do nevoeiro, tem uma aura mística que me encanta, uma manhã de nevoeiro é como uma mulher semi-despida, não conseguimos ver tudo, mas adivinhamos o que se esconde para lá do que não nos revela. Neste tempo, mais propício a tristezas e melancolias, é também o tempo que a mim me invade com os perfumes da Terra, nesta altura os cheiros são mais intensos e menos dispersos, e o frio lembra-me que preciso de calor para viver.

Não é que não goste do Verão e dos seus dias longos, é simplesmente porque gosto do Inverno e dos seus dias pequenos, talvez por gostar muito da noite e da intimidade que ela me aporta, talvez, mas em particular porque gosto do calor que a própria noite me oferece. Se a noite for de nevoeiro então é algo que me deixa completamente extasiado, parece que vivo num mundo diverso onde tudo é difuso e misterioso.

António Almas

Gosto da luz das velas pelo mesmo motivo que gosto do nevoeiro, pelo seu carácter misterioso, pela sua semi-revelação, ou será que é apenas pela projecção das sombras contra as paredes e o chão?!
Gosto do perfume do incenso, talvez porque arde e produz calor, ao invés de um perfume qualquer que apenas se dissolve no ar. O perfume de madeira queimada mesclado com aromas de canela e rosa vermelha, criam uma atmosfera de neblina suave que entrega à luz da vela que arde o tão procurado mistério que a minha querida noite me reserva.

Às vezes parece que o tempo nos agarra, nos leva como numa escada rolante, apertados entre dedos imaginários que controlam cada movimento nosso. Às vezes parece que o sentidos escorrem por entre os dedos de uma mão, como água que tentamos reter e foge para se precipitar no abismo. Há vontades que nos enleiam e nos mantêm seguros contra

Amar só por amar

esta corrente que nos arrasta, como raízes que se agarram fundo na terra para que o vendaval não nos vença.

Depois o calor do teu sorriso, o brilho do teu olhar e o teu abraço quente e suave, sinto que a tua pele me toca e o teu corpo moreno me cobre, como se descobre no sentir da alma as teias em que nos enrolamos, como saboreamos a boca nos sentidos todos do corpo, da alma e do espírito que regozija. É noite e o frio ceifa os corpos como espigas de trigo deitadas aos ventos, tempestade ou pura loucura que esta insanidade devora pedaços da nossa pele, corpos despidos feitiços dormidos em cama quente que te abraço. Lugar onde me esperas, estou sentado, como se te esperasse sempre no mesmo instante.

Ternura e carinho, saudade, são palavras que sempre estão entre nós, como elos que nos ligam nesta distância que nos separa, mas não afasta porque queremos ficar, sem saber onde andar, vamos estando ao pé um do outro sem nos olhar. Dormir, paz e tranquilidade neste abraço apertado em que te agarro e te embalo num sonho delicado.

António Almas

Escrever, falar, dizer e tocar, são formas duma arte ancestral que alguns somos capazes de aperfeiçoar, desenvolver. Muitas vezes não se trata de não querer, trata-se apenas de sublimar. Como aquele que não vê absorve no toque uma sensibilidade mais intensa, aquele que fala, aperfeiçoa a voz, aquele que escreve desenvolve a letra. Somos todos um bocado de cada coisa, mas se abstrairmos aquilo que é mais comum no nosso mundo, passamos para uma atmosfera completamente diferente. Tenho outras opções, mas escolhi ser cego para sublimar o dom de sentir para alem do olhar. Provavelmente dirás, escolheste o que mais te convinha, e eu responder-te-ei, escolhi o que melhor nos cabia.

Não existe muita magia no mundo real, não sei muito bem porquê mas parece que a realidade tem o dom de eliminar a magia, anula-a a tal ponto que quase nos esquecemos que ela existe. Quiçá por isso fujo da realidade, não que me amedronte, na vida real sou uma pessoa decidida, pouco indecisa e muito coerente, mas quero escolher o caminho da fantasia, o caminho dos sonhos, onde é possível encontrar a

Amar só por amar

magia, esta singela magia que te trás a mim todas as noites, que me leva a escrever-te, que te leva a ler-me. O que te serve ou não é escolha tua, e de facto não tenho que achar nada sobre isso, então silencio a minha sensação de desconforto ao perceber-te aí, só, e deixo abrir as portas do meu baú, onde palavras antigas pedem para ser reveladas, onde sensações e sentires clamam por encontrar um corpo, o teu corpo, como invólucro de harmonia e prazer, relógio biológico que a natureza impulsiona e me entrega na palma da mão.

É incrível como podes sentir o gelo sobre o corpo mesmo quando o proteges contra o frio, é igualmente fantástico sentir nascer em ti o calor de um prazer que se desprende da alma e te invade o corpo, conquistando cada milímetro da pele, queimando o ventre como que a pedir que o apague, que o sossegues com a loucura das imagens que te passam nos olhos fechados.

E não digo, não confesso o que sei porque sinto que sabes que te sei, que conheço, de olhos fechados em cada curva da tua pele, cada detalhe mais escondido da tua alma, como se fosse

António Almas

pura e imaculada em mim, num toque divino entre a minha mão gelada e o teu corpo ardente.

Deixo-te estar, ficar dentro de mi, como se adormecesses em meu corpo e despertasses a tua vida na alma, na força de um novo dia com um sorriso iluminado de uma jovem adolescente em busca do primeiro amor.

Deixa-te estar...

Eu não sei nada, sei apenas que te escrevo, que por vezes brotam palavras e que delas nascem sentidos, sei que penso e que sinto, que ando e caminho, não sei como nem para onde vou, mas não quero deixar-te na expectativa de nada, porque neste momento nada tenho. Não quero ser a cheia que te arrasta, quero que mergulhes em mim por vontade própria, como eu faço quando deixo a caneta fluir sobre este papel.

Percebo que a tua vida não é uma espera, que estás a um passo de dares a volta e a mim não sei o que o futuro reserva por isso não gosto de criar ilusões, muito menos expectativas,

Amar só por amar

nem em mim e muito menos em ti. Está a fazer-nos bem à alma esta situação, ajuda-nos a levantar da cama com outro espírito, com força para para lutar, o resto, que é tão ou mais importante que o todo, não tem uma resposta cabal, não sabe o que fazer, e sente-se meio sufocado.

Sei que a qualquer momento esta ligação pode quebrar-se, se fosse um ser humano qualquer tinha apostado num encontro contigo, num café a dois, mas como não o sou, espero, tento perceber qual o caminho, evitando que fiques em desvantagem e te sintas a mergulhar no desconhecido, mas confesso-te que temo pela quebra deste fio mágico que nos une, embora o entenda e saiba que não será fácil de preservar.

Sempre chego pela noite, no momento em que descansas, em que paras da loucura de um dia atarefado, numa hora em que os olhos teimam em arrastar-te para o mundo dos sonhos, mas os dedos tocam as letras como de dedilhassem o meu corpo, milímetro a milímetro, como se caminhasses sobre a

António Almas

planura da minha pele. É um sentir profundo aquele que me dedicas, é uma sensação aconchegante aquela que eu te entrego, comungamos a loucura, com os corpos a pedirem mais, com as almas a sentirem-se atraídas. Nesta loucura salutar, deixamos todas as portas abertas, todas as janelas escancaradas, e ali mesmo no meio do mundo, infestado de multidão entregamo-nos num abraço arrebatador, sentimos o calor da carne que escondida entre vestes grita para ser devorada. Num acesso de paixão, rasgam-se as roupas que ficam pelo chão, o mundo atónito fica a olhar, o que naquele instante se está a passar, mas nós, não queremos saber, dou-te o meu corpo como quem entrega a uma deusa a sua dádiva, recebo o teu corpo que encontra em mim o encaixe perfeito, que me abraça e me consome num lânguido abraço. Pára o tempo, silenciam-se as vozes, e tudo em redor se evapora, numa nuvem de vapor de água, um nevoeiro salpica-nos os corpos suados, e o contraste entre o frio da atmosfera e o calor intenso das nossas peles, arrepia-nos.

Amar só por amar

Sinto os teus músculos ficarem rígidos e adivinho o teu êxtase que acompanho com meu corpo, numa dança frenética que termina num profundo e longo suspiro de prazer. Os teus olhos ainda cerrados, desfrutam da distensão e do calor do meu corpo, eu, inspiro fundo, absorvendo o perfume dos teus cabelos longos querendo reter-te em mim eternamente, adormecemos ligados em todos os sentidos, deixando chegar o dia duma forma suave para nos despertar...
Deixo-te estas palavras para que me sintas, não sei se peço demasiado ao Universo, ou se ele me retribui com a sua imensa generosidade quero apenas que saibas que estou contigo porque assim está escrito.

Nem todos os dias são raios de Sol, por vezes as sombras, as nuvens apoderam-se do céu e deixam-nos a alma em tons de cinza. Desde miúdo que achei que este não era o meu mundo, porque a realidade que meus olhos viam não se reflectia nos ideais da minha alma. Cresci, fiz-me homem e durante anos

António Almas

adormeci-me na rotina de um quotidiano dos outros, até que um dia decidi perceber o outro eu, e comecei a escrever, muitas vezes aleatoriamente, como se fossem palavras jogadas ao vento, que tantas pessoas encontraram, leram escutaram e sentiram. Entre elas descobri algumas almas que reflectem a minha como um espelho, e, de todas elas, a tua brilha com uma intensidade ímpar, recebe-me de uma forma transcendente e sinto-a também de uma forma especial. Os caminhos são estradas que todos temos de trilhar, nunca pensei chegar aqui, e aqui estou, não sei para onde vou mas sei que tenho um caminho a seguir. Este dia cinzento é apenas um grito, ou uma dor pelo peso de um mundo imenso que se suspende nas costas, podes chamar-lhe medo, mas não porque tema por mim, sou instrumento, não sei se divino, os passos que dou apenas se reflectem na areia molhada da praia quando o teu corpo passa, sou o som da tua voz quando gritas, ou o silêncio dos meus dedos quando não me escreves, sou um pouco de tudo isto, e afinal não sou nada.

Amar só por amar

Estas ambiguidades que por vezes não sabemos explicar se são loucuras ou divindades, provocam em nós o medo de atingir os outros, de criar falsas ilusões ao invés de fazer magia, criar tempestades em vez de dias de Sol, percebes? percebes-me? O meu medo é por ti.... e não por mim.

Sopro sobre o teu ventre despido, como sopra o vento quente do deserto, uma brisa que arrepia o teu corpo, estremecendo-o. É um toque com os dedos da alma, que não são palpáveis mas sentem-se, este ar que minh'alma respira, exala numa mescla de sensações que perfuma o teu corpo com a essência pura de um ser que mais que tudo é feito da energia que flui entre dois corpos, entre dois sentidos.

Sou vento, paz e calmaria, sou silêncio e harmonia que te envolve como seda translúcida, descobrindo-te um corpo belo, um olhar tranquilo que apenas nós sabemos existir. Tu, és elixir, que em mim fermenta, explodindo em amalgamas de

António Almas

palavras por descobrir. Rosa, vermelha e quente, ou jasmim, que perfumas tudo o que demais há em mim.

Sei o que acordo em ti, sei como estremeces quando te toco, como vibra o teu corpo quando o calor da minha pele acabada de inventar te invade nas noites em que te visito. Sei da loucura dos teus lábios quando se enrolam na minha língua, para perpetuar o prazer à muito procurado, desejado...

Sabes como voo até ao teu regaço, menino traquinas envolto nesta nuvem de mistério que te fascina, como ilusionista que num passe de magia faz nascer de um vaso estéril a mais bela flor. Sabes como solto a minha alma abandonando o corpo, para logo após me materializar em teus braços num total abandono aprazível, sou vazio, sou nada, como um Universo por nascer que em teus braços se faz crescer, que em teu corpo se banha como se fosses mar, como se fosses água.

A noite, esconde a magia destes momentos, em que alheada do mundo te fazes minha, entregas-te em laços e abraços, mulher, de corpo e alma, em minhas asas de vento, que

Amar só por amar

passam e afastam de ti o mais triste lamento, desenhando-te na face o sorriso do prazer que te ofereço.

A noite cresce, na intensidade desse quarto onde te fechas em loucuras e devaneios, onde escondes prazeres que apenas ambos conhecemos, até ser dia e reparares que não dormiste porque estiveste dentro de mim, porque eu estive em ti, num instante sublime de êxtase que não se sabia imaginável. Reparas que o teu corpo respondeu aos meus estímulos, que o arrepio que te percorre é reflexo do sal húmido da tua pele que se libertou pela noite fora em gotas de desejo.

Hoje fecho os olhos para te escrever, não olho as letras, não quero saber o que querem dizer, escuto apenas aquilo que as palavras querem contar. Hoje escrevo de luz apagada, porque no escuro sou apenas a minha própria alma, porque no escuro o silêncio é a tua voz. Hoje escrevo-te de porta fechada, porque não quero que o vento entre e dissolva o teu espectro, porque quero ficar a sós contigo.

António Almas

Deixo as letras fluir, um rio que quebra a rocha no seu suave deslizar pelo desfiladeiro, água suave que banha o teu corpo, embala o teu sonho e te deixa correr comigo em direcção ao mar. Sei que não sou quem queres que seja, sei até que não sou mais que a tua própria consciência, mas sei que estas letras fazem parte do teu livro, estes textos são páginas inteiras da tua memória que escrevo, sem dar por isso.

Hoje não respondo às tuas perguntas, porque não é preciso fazê-lo. Tudo o que digo é fruto de tudo o que pensas e aquilo que pensas é o eco das minhas palavras. Sou a brisa do vento. Sou um pouco de nada, magia que não vês mas sentes, pedaço de tudo o que não possuíste. Não tenho nome, por isso sou quem quiseres que seja, não tenho corpo, por isso sou todos os corpos que te abraçaram...

O teu pior pecado foi aquele que não cometeste, e o maior prazer é aquele que ainda não tiveste, por isso procuras no espaço infinito entre todos os nomes aquele que em ti despertou a vida, acordou a alma e te fez mulher sem te ter possuído.

Amar só por amar

Somos uma cadência de letras, um ritmo marcado na alma que trespassa o tempo, um momento mágico em que olhamos e não vemos a linha do horizonte, mas apenas o espaço para lá dela, por isso não conhecemos os limites, porque não sabemos o fim, e nunca mais nos lembrámos do início.

Quero que sintas o calor, a brisa que desce sobre ti e te dá a tranquilidade que precisas para adormecer, sonhar e voar, como se fosses infinitamente maior que teu próprio corpo. Quero que entendas a força com que o Universo te embala num sono constantemente acordada, fora de todos os parâmetros de uma realidade transcendental que em nada nos satisfaz mas à qual não podemos arrancar o corpo que nos prende, aprisiona e mata.

www.aalmas.eu

Obras já publicadas do autor:

- Diário de Sonhos 2009
- Reflexos d'Alma 2010
- O Livro dos Pensamentos I 2011
- A Magia das Letras – Aqua 2011
- Folhas Soltas 2012
- O Livro dos Pensamentos II 2013
- Absorvência 2014
- Ínfimos 2014
- Inflexões 2014
- Convexidade 2014
- Cartas a Sophia (Romance) 2015
- EVA – O despertar da Alma (Romance) 2015
- A Magia das Letras II – Ignis 2015
- Conversas com o Pai 2016
- O Livro dos Pensamentos III 2016
- O enigma do Amor (Romance) 2016
- O Druida (Romance) 2016
- O oráculo de Vénus (Romance) 2016
- The Soul's book (inglês) 2017
- Dissertações poéticas 2017

Publicações à venda em:

Diário de Sonhos:
www.bertrand.pt

Restantes títulos:
www.amazon.com
www.lulu.com/spotlight/aalmas
e-Books:
www.amazon.com

Para obter livros autografados pelo autor solicitar para:
antonio.almas@gmail.com

www.ingramcontent.com/pod-product-compliance
Lightning Source LLC
Chambersburg PA
CBHW071702090426
42738CB00009B/1625